Vorwort

Vielfalt ermöglichen statt Geschlechterstereotype verstärken!

Ein Kind ist nicht nur ein Kind, sondern immer auch ein Mädchen oder ein Junge (oder divers). Da eine der Hauptentwicklungsaufgaben von Kindern im Kindergartenalter die Entwicklung der Geschlechtsidentität ist, ist das Geschlecht der Kinder und das Einüben ihrer sozialen Geschlechterrolle für den pädagogischen Alltag von Bedeutung. In diesem Alter werden die Grundlagen dafür gelegt, ob und wie Jungen und Mädchen ihre Geschlechtsidentität und ihre soziale Geschlechterrolle so entwickeln können, dass sie ihnen auch tatsächlich entspricht.

Die Kita ist ein Ort, an dem allen Geschlechtern dieselben Möglichkeiten zur Selbstbildung eröffnet werden sollen. Keinesfalls soll den Kindern durch geschlechterstereotype Zuschreibungen und Klischeevorstellungen der Zugang zu „geschlechteruntypischen" Bereichen und Erfahrungen erschwert werden. Und auch die Kinder dürfen sich durch ihre eigenen klischeehaften Vorstellungen von Mädchen- und Junge-Sein nicht selbst dabei im Weg stehen, ihre Umwelt zu entdecken, sich vielfältig auszuprobieren sowie Stärken und Interessen zu entwickeln. Dafür sind sie auf die Unterstützung der Erwachsenen angewiesen. Sie brauchen Geschlechterrollenmodelle, die ihnen verdeutlichen, wie vielfältig die weibliche und männliche Rolle gestaltet und gelebt werden kann. Dazu gehört auch das Wissen um Transgeschlechtlichkeit, Intergeschlechtlichkeit oder Regenbogenfamilien.

Pädagogische Fachkräfte sollten die Lernumgebung der Kinder unter einem geschlechterbewussten Blick gestalten: Ist die Bauecke lediglich von Jungen besetzt, sodass die Mädchen kein Interesse am Bauen entwickeln? Gibt es im Rollenspielbereich auch ein Krankenpfleger- oder lediglich ein Krankenschwesterkostüm? Neben Raumgestaltung, Spielmaterialien und Bildungsangeboten ist eine gendersensible Auswahl von Bilderbüchern bedeutsamer Bestandteil einer geschlechterbewussten Pädagogik.

Dieses Sonderheft will Orientierung im komplexen Feld der gendersensiblen Pädagogik, der Vielfalt der Geschlechter sowie ihrer Gleichwertigkeit und Gleichberechtigung geben. Es werden die für die pädagogische Praxis relevanten fachlichen Aspekte dargestellt und durch Beispiele, Selbstreflexionen, Praxistipps und Literaturempfehlungen ergänzt. Die Selbstreflexionen erfordern eine ehrliche Auseinandersetzung mit der eigenen Sozialisation als Frau oder Mann und der eigenen Geschlechtsidentität. Diese Auseinandersetzung zahlt sich aus, wenn die eigenen Rollenklischees ins Wanken geraten und eine bewusstere Haltung gegenüber den Verhaltensweisen von Mädchen und Jungen entsteht. Dies ist die Basis, um eine geschlechterbewusste Pädagogik umzusetzen und die Kinder sensibel bei der Entwicklung ihrer Geschlechtsidentität begleiten zu können.

Silke H[...]

Silke Hubrig
ist Erzieherin, Tanz- und Bewegungspädagogin und studierte Behindertenpädagogik, Sport und Sozialwissenschaften auf Lehramt. Seit 2004 arbeitet sie an einer beruflichen Schule für Gesundheit und Soziales. Sie hat viele Bücher und Artikel zu unterschiedlichsten pädagogischen Themen veröffentlicht.

Anmerkung der Redaktion:
Die Fotos für dieses Heft hat unser Fotograf Hartmut W. Schmidt in der städtischen Kita „Tausendfühler" in Freiburg aufgenommen. Sie zeigen Mädchen und Jungen im selbstverständlichen Miteinander bei unterschiedlichsten Aktivitäten – jenseits von Geschlechterklischees und Rollenzuschreibungen. Daher verzichten wir bewusst auf zusätzliche beschreibende Informationen zu den Bildern.

Inhalt

I. Grundlagen geschlechterbewusster pädagogischer Praxis — 3

1. Was ist geschlechterbewusste Pädagogik? — 3
2. Woher kommen Geschlechterunterschiede? — 4
3. Kinder entwickeln ihre Geschlechtsidentität — 6
4. Einflüsse auf die Entwicklung der Geschlechtsidentität — 8

II. Eine geschlechterbewusste Haltung im Team entwickeln — 12

1. Die eigene Haltung reflektieren — 12
2. Wertschätzung „weiblichen" und „männlichen" Verhaltens — 15
3. Geschlechtsspezifische Rollenverteilung im Team — 16
4. Geschlechterbewusste Sprache — 17

III. Spielräume geschlechterbewusst gestalten — 20

1. Raumgestaltung — 20
2. Spielmaterialien — 22
3. Medienangebote — 24
4. Bildungsangebote — 26

IV. Alltagsbeobachtungen als Ausgangspunkt von Bildungsangeboten — 30

1. „Du hast keine Familie, weil du hast ja nur zwei Mütter und keinen Vater!" — 31
2. „Rosa ist eine Mädchenfarbe!" — 33
3. „Frauen können nicht bei der Feuerwehr arbeiten!" — 35
4. „Männer weinen nicht!" — 37
5. „Es gibt nur Jungen und Mädchen!" — 39

V. Zusammenarbeit mit Eltern — 41

1. Elternarbeit geschlechtersensibel gestalten — 41
2. Regenbogenfamilien — 42
3. Ein Elternabend zum Thema „Medienheld*innen der Kinder" — 43

Literatur — 46
Links — 48

I. Grundlagen geschlechterbewusster pädagogischer Praxis

1. Was ist geschlechterbewusste Pädagogik?

In der Fachliteratur gibt es für geschlechterbewusste Pädagogik verschiedenste Begriffe wie etwa „geschlechtersensibel" oder „geschlechtergerecht". Alle Begriffe meinen im Prinzip dasselbe, und zwar einen reflektierten Umgang mit dem Geschlecht, also der Geschlechterkonstruktion unserer Gesellschaft, im Hinblick auf die pädagogische Arbeit. Eine geschlechterbewusste Pädagogik bedeutet, dass Fachkräfte in der Kita die sozialen Geschlechterrollen und damit auch die sozialen Geschlechterunterschiede der Kinder wahrnehmen, geschlechterstereotypes Verhalten erkennen, dieses reflektieren und angemessen darauf reagieren können. Ziel der geschlechterbewussten Pädagogik ist es, allen Kindern die Möglichkeit zu schaffen, eine Geschlechtsidentität aufzubauen, die nicht von gesellschaftlichen Geschlechterrollenbildern eingeengt wird, sondern ihnen wirklich entspricht. Deshalb sollen sie in ihren tatsächlichen Interessen, Vorlieben und Kompetenzen unterstützt werden (vgl. Hubrig 2010, S. 90ff.).

Im Fokus der geschlechterbewussten Pädagogik steht die soziale Geschlechterrolle (Gender), also das, was in unserer Gesellschaft als „weiblich" und „männlich" betrachtet wird. Männliches und weibliches Verhalten wird – ähnlich einer Theaterrolle – von klein auf eingeübt und immer wieder reproduziert, sodass der Eindruck entstehen kann, es sei angeboren. Folgendes Beispiel soll dies verdeutlichen: Mädchen trainieren sich unbewusst eine höhere Stimmlage als Jungen an, denn diese wird gesellschaftlich als „weiblich" wahrgenommen. Später sprechen Frauen dann tatsächlich höher als Männer (in den meisten Fällen jedoch viel höher als es physiologisch sein müsste), sodass es so wirkt, als sei eine höhere Stimmlage bei Mädchen angeboren. Tatsächlich ist sie aber (auch) anerzogen und angeeignet (vgl. Schnerring/Verlan 2014, S. 196 ff.).

Kein feststehendes Konzept

Geschlechterbewusste Pädagogik ist kein feststehendes Konzept mit bestimmten Methoden und Regeln, die es umzusetzen gilt. Vielmehr geht es darum, dass Fachkräfte den Aspekt der sozialen Geschlechterrolle in ihrem pädagogischen Denken und Handeln immer miteinbeziehen und berücksichtigen. Die pädagogische Fachkraft muss in der geschlechterbewussten Pädagogik stets eine doppelte Blickrichtung haben: Sie muss das jeweilige Kind einerseits als Junge, Mädchen oder intergeschlechtliches Kind sehen und gleichzeitig als einzigartiges Individuum mit spezifischen Fähigkeiten, Eigenschaften und Interessen. So sollte eine Fachkraft beispielsweise genau reflektieren, ob der 4-jährige Thore sich vom Maltisch fernhält, weil dieser bereits von den Mädchen belegt ist und er sich nicht mit ihnen bzw. ihrer Tätigkeit identifizieren möchte, weil er ein Junge ist, oder ob ihm das Malen und Zeichnen als feinmotorische, kreative Kompetenz einfach nicht liegt und sein Interesse nicht weckt. Ebenso sollte überprüft werden, ob sich die Mädchen selten im Toberaum aufhalten, weil dieser durch raumgreifend spielende Jungen belegt ist oder sie ihre Spielideen zurzeit besser im Gruppenraum oder auf dem Außengelände umsetzen können.

Das Ziel geschlechterbewusster Pädagogik ist es, Kinder in ihren individuellen Interessen und Fähigkeiten zu fördern, und zwar fernab der gesellschaftlichen Geschlechterklischees. Möglichst völlig unabhängig von den gesellschaftlich vorgegebenen Geschlechterrollen sollen alle Kinder bei einer individuellen Ausgestaltung ihrer Geschlechtsidentität unterstützt werden (vgl. Focks 2016, S. 12). Dafür benötigt die pädagogische Fachkraft eine offene Haltung gegenüber vielfältigen Geschlechtsidentitäten und Lebensformen.

2. Woher kommen Geschlechterunterschiede?

Jungen interessieren sich für Piraten, Dinosaurier und Fußball; sie haben einen hohen Bewegungsdrang und messen sich gerne mit anderen. Mädchen hingegen mögen Pferde und Ballett; sie sind kooperativ und kümmern sich gerne um jüngere Kinder. Das sind stereotype Geschlechterrollenbilder in unserer Gesellschaft. Erfüllt ein Junge oder ein Mädchen die entsprechenden Zuschreibungen, fühlen sich pädagogische Fachkräfte oft bestätigt: „Jungen sind halt so!" bzw. „Mädchen sind halt so!". Wenn sich etwas häufig bestätigt und andere Verhaltensweisen möglicherweise nicht wahrgenommen werden, dann wirken Verhaltensweisen, Interessen oder Vorlieben wie angeboren. Ein Gen, das dafür verantwortlich gemacht werden kann, dass sich mehr Mädchen im Reitverein aufhalten als Jungen, gibt es aber mit Sicherheit nicht. Jede wissenschaftliche Fachrichtung hat eigene Theorien, die tatsächliche oder wahrgenommene Unterschiede von Mädchen und Jungen zu erklären versuchen.

Die Biologie macht für die Geschlechterunterschiede den Einfluss der Chromosomen verantwortlich. Ein Mensch hat einen genetischen Bauplan, der aus 46 Chromosomen besteht. Die Chromosomen enthalten die Erbinformationen, wobei 23 von der Mutter und 23 vom Vater stammen. Hat das 23. Chromosom von Mutter und Vater eine X-Form, dann entwickelt sich der Embryo weiblich (XX). Hat das 23. Chromosom des Vaters die Form eines Y, entwickelt sich der Embryo männlich (XY). Des Weiteren spielt die Menge und Zusammensetzung von Hormonen eine bedeutsame Rolle für die Geschlechterdifferenz, die durch den genetischen Bauplan bestimmt wird. Sie bewirken die Entwicklung entsprechender Geschlechtsmerkmale und beeinflussen die Gehirnstruktur des Embryos (vgl. Eliot 2010).

Körperlich unterscheiden sich Mädchen und Jungen bis zum Eintritt der Pubertät allerdings lediglich aufgrund ihrer primären Geschlechtsmerkmale. Auch die weiblichen und männlichen Gehirne sind sich ähnlicher, als gemeinhin angenommen wird. So ist zwar richtig, dass männliche Gehirne durchschnittlich etwas größer als weibliche sind, aber das sagt nichts über die Intelligenz der Geschlechter aus. Das Gehirn ist auch nicht starr, sondern verändert sich infolge dessen, was der Mensch tut und wie oft er es tut (vgl. www.gesundheit.gv.at/krankheiten/gehirn-nerven/gehirn-gender). Mögliche Geschlechterunterschiede der Gehirne können demnach durch gezielte Tätigkeiten ausgeglichen werden. Werden mit einem Mädchen beispielsweise viele großmotorische Bewegungsspiele durchgeführt und wird es zu vielfältiger Bewegung animiert, verstärken sich die neuronalen Verknüpfungen durch das intensive motorische Training in diesem Bereich.

Genau genommen lässt sich auch gar nicht konsequent von „weiblich" und „männlich" sprechen, denn zwischen diesen beiden Polen gibt es ca. 4.000 Varianten der geschlechtlichen Differenzierung (vgl. Louis 2017). Die Varianten zwischen den Polen „eindeutig männlich" und „eindeutig weiblich" werden auch „intergeschlechtlich" genannt. Intergeschlechtliche Menschen sind aufgrund ihrer Geschlechtschromosomen, ihrer Geschlechtsorgane oder aufgrund ihres Mengenverhältnisses an Geschlechtshormonen nicht eindeutig dem weiblichen oder dem männlichen Geschlecht zuzuordnen. Im Personalausweis oder anderen Dokumenten können sie sich der Geschlechterkategorie „divers" zuordnen. Bis zu 1,7 Prozent der Bevölkerung werden mit intergeschlechtlichen Merkmalen geboren; diese Schätzung entspricht ungefähr dem Anteil rothaariger Menschen (vgl. www.herder.de/kiga-heute/fachbegriffe/intersexualitaet/). Nur bei ca. 85 Prozent aller intergeschlechtlicher Menschen ist die Intergeschlechtlichkeit an den äußeren Geschlechtsmerkmalen zu erkennen. In vielen Fällen wird sie erst im Laufe der Pubertät deutlich. Bei anderen Menschen hingegen ist die Intergeschlechtlichkeit äußerlich nie wahrzunehmen (vgl. Hubrig 2019, S. 28).

Die Sozialbiologie geht davon aus, dass geschlechtstypisches Verhalten die Folge von ökologischen Anpassungsprozessen des Menschen im Laufe der Evolution ist (vgl. Trautner 2005, S. 667). Weil Frauen die Kinder austrugen und stillten, waren bzw. sind sie für die Versorgung und das Wohlergehen der Kinder und die Hausarbeit zuständig. Die Frauen sammelten damals Beeren und hatten ihren Nachwuchs dabei, während die Männer auf die Jagd gingen. Da es keine Fotos aus der Frühgeschichte der Menschheit gibt, sind dies Vermutungen darüber, wie sich die Menschen damals die Arbeit innerhalb ihrer sozialen Gemeinschaft aufgeteilt haben. Bei dieser Theorie stellt sich jedoch die Frage, warum sich die Menschen nicht an die neuen Lebensbedingungen angepasst und sich die traditionellen Geschlechterrollen nicht gänzlich aufgelöst haben. Schließlich können Männer heute den Nachwuchs mit der Flasche versorgen und das Fleisch kann im Supermarkt gekauft werden.

Die Sozialwissenschaften differenzieren das biologische Geschlecht (engl. „sex") und das soziale Geschlecht (engl. „gender"). Weil es in der deutschen Sprache lediglich eine Bezeichnung für Geschlecht gibt und man mit diesem einen Begriff nur undifferenziert über Männlichkeit und Weiblichkeit nachdenken und sprechen kann, wurden mittlerweile die englischen Begriffe übernommen. Mit „Sex" ist das biologische Geschlecht, also die Körpermerkmale und geschlechtsspezifischen Körperfunktionen, eines Menschen gemeint. Ob ein Mensch männlich, weiblich oder auch intergeschlechtlich ist, ist objektiv festzustellen. „Sex" ist also angeboren. „Gender" ist ein Begriff, der Fähigkeiten, Eigenschaften und Verhaltensweisen bezeichnet, die mit Geschlechterunterschieden einhergehen, die nicht biologisch bedingt sind. Ursprünglich bezeichnete der Begriff das grammatikalische Geschlecht. Mittlerweile wird er verwendet,

Definitionen „sex" – „gender" – „doing gender"
- „Sex" bezeichnet das biologische Geschlecht eines Menschen.
- „Gender" bezeichnet das soziale Geschlecht, also die Geschlechterrolle eines Menschen, die gesellschaftlich vorgegeben wird. Welchem Bild müssen wir entsprechen, um als weiblich oder als männlich wahrgenommen und gesellschaftlich akzeptiert zu werden?
- „Doing Gender" bezeichnet den Prozess der Geschlechterdarstellung und Geschlechteridentifizierung, der in interaktiven und kommunikativen Situationen stattfindet. Geschlecht wird somit von jedem Menschen permanent „gemacht", indem er darstellt, ob er sich der männlichen oder der weiblichen gesellschaftlichen Kategorie zugehörig fühlt. Von der Umwelt werden diese Darstellungsweisen identifiziert.

um soziale und psychische Zuschreibungen an Mädchen/Frauen und Jungen/Männer zu beschreiben und sie somit klar vom biologischen Geschlecht (Sex) abzugrenzen (vgl. Rohrmann/Wanzeck-Sielert 2014, S. 31ff.). Gender ist abhängig von Kultur und Zeitepoche, in der ein Mensch lebt. Je nachdem gibt es eine andere Art, sich zu kleiden, bestimmten Interessen nachzugehen oder einen Beruf auszuwählen, um als der Norm entsprechend „weiblich" oder „männlich" wahrgenommen zu werden. Gender ist also veränderbar und damit ein soziales Konstrukt. Jeder Mensch übernimmt im Laufe seiner Sozialisation eine Genderrolle, sodass er oder sie einem gesellschaftlich und kulturell „richtigen" Bild von Männlichkeit oder Weiblichkeit entspricht. Die Genderrolle wird unbewusst eingeübt.

Gender kommt in den sozialen Beziehungen und Interaktionen zum Ausdruck. In der Kommunikation und Interaktion stellen sich Mädchen und Jungen bzw. Frauen und Männer so dar, dass sie von ihrem Gegenüber als weiblich oder männlich wahrgenommen werden. Diese aktive Darstellungsweise läuft größtenteils unbewusst ab und wird selten im Alltag reflektiert. So kauft sich beispielsweise ein Mann trotz großer Hitze kein luftiges Sommerkleid für den anstehenden Urlaub, sondern eine kurze Hose und ein T-Shirt. Das Prinzip heißt „doing gender" (Geschlecht machen). Hierbei geht es selbstverständlich nicht um den Kauf von Kleidung, sondern um geschlechtstypisches Verhalten, Interessen, Vorlieben, Mimik und Gestik usw. Kinder lernen schon früh, wie sie sich verhalten, geben und kleiden müssen, um von ihrer Umwelt eindeutig als Mädchen oder Junge identifiziert zu werden. Ein Mensch hat also nicht einfach ein Geschlecht („sex"), sondern „tut" es zugleich auch immer („doing gender").

Seit den 1990er-Jahren wird die klare Trennung von Sex und Gender in der Gender- und Queerforschung auch kritisiert, da biologisches Geschlecht einerseits und gefühltes Geschlecht bzw. Geschlechtsidentität andererseits nicht immer übereinstimmen (vgl. Focks 2016, S. 75) und sich die Begriffe Sex und Gender zudem an der Norm und Kultur der Zweigeschlechtlichkeit orientieren (vgl. Hubrig 2019, S. 18ff.)

3. Kinder entwickeln ihre Geschlechtsidentität

Im Vorschulalter stehen die Kinder vor der Herausforderung, aktiv eine stimmige Geschlechtsidentität aufzubauen. Das bedeutet, Antworten auf folgende Fragen zu finden: „Wie sehe ich mich als Junge bzw. Mädchen?" und „Wie sehen mich die anderen als Junge bzw. Mädchen?". Beides muss zusammenpassen, damit die Identität stimmig ist. Beim Aufbau der Geschlechtsidentität werden die Kinder von Sozialisationsinstanzen, insbesondere dem Elternhaus, der Kita, den Freunden und Freundinnen sowie den Medien, beeinflusst.

Im Alter von 2 Jahren wissen Kinder in der Regel, dass es Mädchen/Frauen und Jungen/Männer gibt, und mit 3 Jahren wissen sie, welcher Geschlechterkategorie sie selbst und auch andere angehören. Sie haben also ein Geschlechterbewusstsein erlangt. Sie wissen auch, welche gesellschaftlichen Erwartungen an die Geschlechter gestellt werden, also wie sich Mädchen und Jungen verhalten sollten. Dies ist ihnen nicht bewusst und sie sind auch noch nicht in der Lage, die Rollenerwartungen kritisch zu reflektieren. Den Kindern ist in dieser Phase noch nicht klar, dass ihr Geschlecht lebenslang so bleiben wird, also nicht zu wechseln ist. Jungen und Mädchen haben in diesem Alter eine sehr stereotype Denkweise. Diese dient dazu, die Welt zu verstehen. Zu diesem Zweck kategorisieren sie Informationen und Eindrücke. So werden Bausteine

---

Literaturtipp

Becker-Hebly, I. (2020): Transgender und Intergeschlechtlichkeit bei Kita-Kindern. Mühlheim an der Ruhr: Cornelsen bei Verlag an der Ruhr.

Brill, S./Pepper, R. (2016): Wenn Kinder anders fühlen – Identität im anderen Geschlecht. 2. Auflage, München: Ernst Reinhardt.

Fritzsche, C. (2021): Inter. Ein Handbuch über Intergeschlechtlichkeit. Berlin: Querverlag.

Kugler, T. (2018): Geschlechtervielfalt in der Kita: Inklusives pädagogisches Handeln am Beispiel Transgeschlechtlichkeit und Intergeschlechtlichkeit. In: Bildungsinitiative Queerformat (Hrsg.): Murat spielt Prinzessin, Alex hat zwei Mütter und Sophie heißt jetzt Ben. Sexuelle und geschlechtliche Vielfalt als Themen frühkindlicher Inklusionspädagogik. Handreichung für pädagogische Fachkräfte der Kindertagesbetreuung. www.queerformat.de/wp-content/uploads/QF-Kita-Handreichung-2018-Druckfassung.pdf

nach Größe sortiert, schwarze und weiße Menschen unterschieden oder eben auch Jungen und Mädchen und die damit einhergehenden gesellschaftlichen Rollenbilder: „Das ist für Jungen" und „Das ist für Mädchen".

Rollenklischees bieten Sicherheit
Da Kinder wissen, welcher Geschlechterkategorie sie angehören, aber sich noch nicht sicher sind, ob die Einordnung auch immer so bleiben wird, suchen sie nach Sicherheit. Dies zeigt sich insbesondere daran, dass Jungen und Mädchen vor allem das tun, was in ihre Geschlechterkategorie passt, und alles, was dem anderen Geschlecht zugeordnet wird, ablehnen. Beispielsweise möchten Mädchen meist lange Haare haben und Jungen kurze. Jungen bevorzugen dunkle Farben und Actionfiguren auf Brotdose und T-Shirt, während Mädchen Pastellfarben mögen und Feen und Einhörner auf ihren Pullovern und Rucksäcken haben. Auch im Spielverhalten zeigt sich häufig, dass sich Mädchen und Jungen voneinander abgrenzen. So spielen Mädchen oft in Mädchengruppen und Jungen in Jungengruppen. Ob in der Wahl von Frisur, Schmuck, Kleidung, Lieblingsbüchern und -filmen: Kinder zeigen darin ganz klar ihre Geschlechtszugehörigkeit, um ihre Geschlechtsidentität zu sichern. Von außen betrachtet wirken diese Verhaltensweisen, Interessen und Vorlieben wie naturgegeben, also angeboren. Letztendlich zeigen die Kinder damit jedoch, wie sie versuchen, den Geschlechterrollen, die ihnen in unserer Gesellschaft angeboten werden, zu entsprechen, um eine stimmige Geschlechtsidentität aufbauen zu können.

Das Wissen darum, dass man sein Geschlecht nicht nach Belieben oder Situation wechseln kann, entwickeln Kinder im 5. bis 6. Lebensjahr. Sie verstehen, dass ihr Geschlecht lebenslang gleich bleibt (Geschlechterkonstanz). Nun traut sich beispielsweise ein Junge, mit einer rosa Küchenschürze in der Puppenküche einen Kuchen zu backen, weil er die Gewissheit hat, dass er ein Junge ist und bleibt, obwohl er etwas tut und anhat, was gesellschaftlich der weiblichen Geschlechterrolle zugeschrieben wird. Im Grundschulalter ändert sich das Genderverhalten der Mädchen dahingehend, dass sie ihre Weiblichkeit nicht mehr allzu übertrieben in Rosa und mit Glitzer darstellen müssen. Sie zeigen ihr Mädchen-Sein subtiler, etwa durch eine besondere Körpersprache, Mimik oder Gestik. Jungen im selben Alter hingegen stellen ihre Männlichkeit oft noch übertriebener dar als in der Kita-Zeit (vgl. Wallner 2018, S. 4ff.).

Die Geschlechtsidentitätsentwicklung intergeschlechtlicher Kinder ist häufig krisenbehaftet. In unserer Gesellschaft kommen sie in der Öffentlichkeit nicht vor und Kinder haben lediglich die Wahl zwischen Jungen- und Mädchenrollenmodellen (Information und Beratung zur Intergeschlechtlichkeit: Bundesverband Intergeschlechtliche Menschen e.V., https://im-ev.de).

Im falschen Körper geboren – Transgender
Bei manchen Menschen ist es so, dass ihre Geschlechtsidentität nicht mit ihrem biologischen Geschlecht übereinstimmt. Menschen mit einem biologisch männlichen Körper, aber einer

---

Phasen der Geschlechtsidentitätsentwicklung

Die einzelnen Phasen (bei nicht intergeschlechtlichen Kindern) vom Eintritt in den Kindergarten bis zum Austritt aus der Grundschule:
1. Dem Kind ist bewusst, welches Geschlecht es hat: „Ich bin ein Junge!"
2. Dem Kind ist bewusst, welches Geschlecht andere Menschen haben: „Meine Erzieherin ist eine Frau!"
3. Das Kind weiß, dass bestimmte Attribute und Tätigkeiten (stereotyp) Mädchen/Frauen bzw. Jungen/Männern zugeordnet werden: „Frauen lackieren sich gerne die Fingernägel und Männer haben kurze Haare!"
4. Das Kind bewertet sein eigenes Geschlecht und alles, was damit zusammenhängt, positiv und alles gegengeschlechtliche negativ: „Jungs sind super, Mädchen sind doof!"
5. Das Kind begreift, dass sein Geschlecht konstant ist: „Ich werde immer ein Junge sein. Auch wenn mich ein Fremder als Mädchen anspricht, so bin und bleibe ich ein Junge und werde später ein Mann."

(Vgl. Bischof-Köhler 2002, S. 94 und S. 61)

Bilderbuchtipp zum Thema Transgeschlechtlichkeit

Edmaier, H. (2021): Das schönste Kleid der Welt. 6. Auflage, Stuttgart: 100% MENSCH Verlag.

Schäfer, K./Wächter, E. (2020): Der Hund, der eigentlich ein Vogel ist. Berlin: Verlag epubli (für ältere Vorschulkinder).

Simonetti, R. (2019): Raffi und sein pinkes Tutu. Köln: Community Editions (für ältere Vorschulkinder).

Usling; R.-J./Weiss, L. (2017): Prinz_essin? Verl: Chiliverlag.

Walton, J./Mac Pherson, D. (2016): Teddy Tilly. Frankfurt a. M.: Fischer Sauerländer.

Die sozialen Geschlechterrollen (Gender) sind nicht angeboren. In ihnen spiegeln sich die Erwartungen hinsichtlich Aussehen und Verhaltensweisen, die von der Kultur und Gesellschaft, in der die Kinder aufwachsen, an sie herangetragen werden. Die Erwartungen, die an Mädchen/Frauen und Jungen/Männer gestellt werden, sind von Kultur zu Kultur unterschiedlich. Ein Mädchen in einem Dorf in Namibia muss sich vermutlich anders verhalten, sich anders kleiden oder einen anderen beruflichen Werdegang einschlagen als ein Mädchen in New York, um von seinem Umfeld als Mädchen angesehen und akzeptiert zu werden. Dies kann auch von Religion zu Religion sowie von Familienkultur zu Familienkultur unterschiedlich sein.

weiblichen Geschlechtsidentität werden als Transmädchen/Transfrauen bezeichnet. Menschen mit einem biologisch weiblichen Körper und einer männlichen Geschlechtsidentität als Transjungen/Transmänner. Transpersonen haben nicht „einfach" den Wunsch, der anderen Geschlechterkategorie anzugehören. Es ist mehr: Sie sind davon überzeugt, dass sie es sind, und fühlen dies auch sehr intensiv. Transgeschlechtlichkeit kann nicht an- oder aberzogen werden. Ein Kind kann sich nicht vornehmen, es zu sein oder nicht zu sein. Transgeschlechtlichkeit kann oft schon in der frühen Kindheit gespürt und deutlich werden. Sie sollte jedoch nicht verwechselt werden mit den entwicklungsbedingten Phasen, in denen sich Kinder eine Zeit lang in der gegengeschlechtlichen Rolle ausprobieren und sich wünschen, das Geschlecht wechseln zu können.

4. Einflüsse auf die Entwicklung der Geschlechtsidentität

Ein Hinweis vorab: Im Folgenden werden die Geschlechterrollen und die Ausgestaltungen der Geschlechtsidentitäten von intergeschlechtlichen oder transgeschlechtlichen Kindern vernachlässigt. Dies aufzugreifen würde an dieser Stelle den Rahmen sprengen. Daher wird lediglich auf die in unserer Gesellschaft vorherrschenden männlichen und weiblichen Geschlechterrollen Bezug genommen, mit denen sich alle Kinder im Rahmen ihrer Geschlechtsidentitätsentwicklung auseinandersetzen müssen.

Kinder lernen früh, welche Erwartungen an sie aufgrund ihrer biologischen Geschlechtszugehörigkeit gestellt werden. Sie lernen durch Beobachtungen, die ihnen unsere Kultur der Zweigeschlechtlichkeit bietet, wie zum Beispiel: Ein Mann sitzt eher breitbeinig, eine Frau schminkt sich und trägt Schmuck, die meisten Männer haben einen Kurzhaarschnitt, Männer fahren LKW, Frauen arbeiten an der Kasse im Einkaufsmarkt usw. Diese Geschlechtersymbolik ist im Alltag so präsent, dass sie uns ganz normal und selbstverständlich erscheint. Irritierend, weil ungewohnt, ist dann beispielsweise, wenn ein Mann einen Rock trägt. Des Weiteren bedienen sich die Kinder bei Rollenmodellen aus den Medien, die ihnen angeboten werden. Diese orientieren sich extrem an den Geschlechterklischees, wie etwa Prinzessin Lillifee oder Batman. Gleichzeitig erleben die Kinder tagtäglich, wie sie als Junge oder Mädchen behandelt werden. Auch wenn Erwachsene keine Unterschiede im Umgang mit Mädchen und Jungen machen wollen, kann sich laut Studien niemand dagegen wehren. Es geschieht unbewusst. Im sogenannten Baby-X-Experiment wurde Erwachsenen ein Baby gezeigt. Einmal wurde es als Junge und dann als Mädchen vorgestellt. Die Erwachsenen sollten das Baby beschreiben. Diejenigen, die der Meinung waren, ein Mädchen vor sich zu haben, beschrieben das Baby als kleiner und zarter sowie ängstlicher und empfindsamer als diejenigen, die glaubten, es mit einem Jungen zu tun zu haben. Kinder werden also immer auch geschlechtsspezifisch wahrgenommen und diese Wahrnehmung prägt den Umgang mit dem Kind. Ein Mädchen wird bei einem waghalsigen Vorhaben eher zur Vorsicht angehalten als ein Junge. Dem Jungen wird lediglich aufgrund seines Junge-Seins motorisch mehr zugetraut und zugemutet (vgl. Lehner o.J.).

Es geht also im Laufe der Sozialisation und beim Aufbau der Geschlechtsidentität stets um eine wechselseitige Auseinandersetzung zwischen dem Kind und seiner Umwelt. So folgt auf die Aussage der Gynäkologin „Es ist ein Junge!" schon die Erstausstattung in blauen und grünen Farbtönen, mit Bildern von kleinen Dinosauriern oder Raketen. Wäre das Kind weiblich, würde es in einer anderen Umgebung bzw. mit anderer Kleidung willkommen geheißen. Eltern tun dies teilweise sicher nicht bewusst, sondern lediglich unreflektiert. Ebenso unreflektiert wie die pädagogische Fachkraft, die für den kleinen Paul eine Wechselunterhose aus dem Kita-Bestand holt und dabei nicht zur Unterhose mit den rosa Tupfen greift, sondern zu einer dunkelblauen.

Eltern und andere nahe Bezugspersonen

Die erste Sozialisationsinstanz, durch die Kinder lernen, was Männlichkeit und Weiblichkeit bedeuten, ist die Familie. Hinzu kommen andere, dem Kind nahestehende Personen, wie etwa die Tante oder der Nachbar. Das Kind beobachtet hier: Wie verhalten sich Männer und Frauen in welchen Situationen? Wer ist für welche Tätigkeiten zuständig? Wer hat welche Interessen? Durch diese Beobachtungen eignen sich Kinder Wissen über die Geschlechter an und glauben, dass die beobachteten Rollen und Zuständigkeiten generell zutreffen, dass die Welt so funktioniert.

Die Gleichaltrigengruppe

Kommen die Kinder in die Kita, erweitert sich ihr Radius. Die Kita bzw. die Kindergruppe spielt als weitere Sozialisationsinstanz neben der Familie eine bedeutsame Rolle. Auch sie beeinflusst die Entwicklung der Geschlechtsidentität. Dem „normalen Gang" der Geschlechtsidentitätsentwicklung entsprechend, bilden die Kinder in der Kita überwiegend Spielgruppen innerhalb ihrer eigenen Geschlechterkategorie. Das heißt, dass Mädchen und Jungen in hohem Maße auch in diesen geschlechtergetrennten Subkulturen sozialisiert werden und sich damit beschäftigen, wie Mädchen bzw. Jungen sind und wie sie nicht sind. Innerhalb der Jungen- und Mädchengruppe wird auf unterschiedliche Weise gespielt und miteinander kommuniziert. Das Kommunikationsverhalten unter Mädchen wird als demokratischer beschrieben. Sie sind darauf bedacht, durch Kommunikation emotionale Nähe zu den anderen Mädchen herzustellen und Ähnlichkeiten zu betonen. Insgesamt sind ihre Spiele weniger raumgreifend als die der Jungen. So spielen Mädchengruppen zum Beispiel Hüpfspiele auf dem Außengelände oder gehen Mal- und Gestaltungsaktivitäten

Aus der Forschung

Die Dresdner Tandem-Studie, die von 2010 bis 2014 durchgeführt wurde, verdeutlichte, dass weibliche und männliche pädagogische Fachkräfte unterschiedlich mit Jungen und Mädchen umgehen. Während sie mit Jungen eher gegenstandsbezogen und sachlich kommunizieren, tun sie dies mit Mädchen tendenziell persönlicher und fantasiebezogen (vgl. www.bmfsfj.de/resource/blob/95342/bfb37cd96cecee0df26938510873c319/spielt-das-geschlecht-eine-rolle-tandem-studie-kurzfassung-data.pdf – S. 18). Dies wiederum hat Auswirkungen auf das Selbstbild des Kindes. Der Junge wird sich im Laufe seiner Sozialisation darin bestärkt fühlen, aktiv und mutig zu sein, während das Mädchen sich möglicherweise nicht so viel zutraut, weil es ständig zur Vorsicht ermahnt wurde. Eine Studie aus dem Jahr 2012 von Ducret und Nanjoud zeigte, dass Mädchen von pädagogischen Fachkräften mehr Komplimente aufgrund ihres Aussehens bekommen als Jungen. Auch das verfestigt sich im Selbstbild der Kinder. Mädchen werden für ihre Schönheit gelobt und geben sich Mühe, schön zu sein, damit sie wieder die Anerkennung der Erwachsenen bekommen. Bei Jungen ist das Aussehen anscheinend nicht so wichtig; sie werden stattdessen für ihre körperliche Kraft gelobt (vgl. Focks 2016, S. 46 ff.).

oder Familienrollenspielen im Gruppenraum nach. Insbesondere in den Rollenspielen trainieren Mädchen ihr kommunikatives Verhalten, die Fähigkeit zur Perspektivübernahme sowie kreatives Denken und Fantasie. Jungen hingegen legen in ihrer Kommunikation viel Wert darauf, sich selbst zu behaupten, und es geht weniger demokratisch zu als in Mädchengruppen. Jungen spielen oft konkurrenzbetonter und raumgreifender als Mädchen. In ihren Spielen trainieren sie vor allem räumliches und technisches Denkvermögen, Vertrauen in ihre körperliche Kraft und Geschicklichkeit sowie handwerkliches Geschick. Während sich Mädchengruppen Spielthemen frei ausdenken, orientieren sich die Spielideen der Jungengruppen oft an bekannten Medienhelden. Die Kinder üben in ihren homogenen Spielgruppen geschlechtsspezifisches Verhalten entsprechend der gesellschaftlichen Geschlechterrollen ein (vgl. Lehner o. J.).

Wenn sich Kinder nicht genderkonform verhalten, werden sie von den anderen schnell als „Sonderlinge" eingestuft; in jedem Fall fällt es auf: „Karli hat lange Haare, aber er ist trotzdem ein Junge." Mädchen werden durch die Geschlechterrolle daran gehindert, in vermeintlich männliche Territorien zu gehen, wie etwa die Bauecke zu besetzen. Und Jungen werden umgekehrt genauso daran gehindert, weiblich konnotierte Spielbereiche wie zum Beispiel die Puppenecke zu erforschen. Kinder übernehmen unbewusst die gesellschaftlichen Bewertungen. Studien zeigten, dass auch schon Kita-Kinder bestimmte soziale Gruppen – also auch „die Mädchen" und „die Jungen" – ein- oder ausgrenzen. Sie nutzen diese Kategorisierungen auch, um Kinder zu ärgern: „Du darfst nicht mitspielen, weil Mädchen können kein Cowboy sein" (vgl. Ali-Tani 2017, S. 5).

Medien

Medien sind in unserer Gesellschaft so präsent, dass sie als eigene Sozialisationsinstanz betrachtet werden können. Egal, um welches Thema es geht, sie vermitteln auch immer Informationen über die Geschlechterrollen. In Büchern, Filmen, Hörspielen – überall tauchen stereotype und klischeehafte Bilder auf, wie Frauen/Mädchen und wie Männer/Jungen sind bzw. sein sollten. Die Geschlechterrollenbilder sind dabei meistens sehr einseitig, es sei denn, man zeigt den Kindern ausgewählte Bücher und Filme oder bietet ihnen Hörspiele an, in denen explizit eine Vielfalt an Geschlechterrollen geboten wird. Das, was die Kinder ohne diese Vorauswahl von Erwachsenen mitbekommen, ist in der Regel eindimensional: starke, sportliche Helden und zarte, extrem schlanke Heldinnen. Selbst wenn Kinder bestimmte Filme, die gerade in den Kinos laufen, noch nicht gesehen haben, ist es verblüffend, wie die Inhalte die Runde machen und schon Kita-Kinder diese nacherzählen können, als hätten sie sie selbst gesehen. Kita-Kinder kommen an den aktuellen Kinohighlights folgenden Merchandisingprodukten nicht vorbei. Sie lernen die stereotypen Darstellungen von Actionhelden und Prinzessinnen durch die Flut an Bildern auf T-Shirts, Brotdosen, Kinderrucksäcken oder durch Aufkleber-Sammelalben kennen. Im Supermarkt tauchen sie sogar auf Verpackungen von Nahrungsmitteln auf, die sich speziell an Kinder richten. Durch die tausendfachen Wiederholungen der Stereotype brennen sich die Bilder ein und Kinder im Kita-Alter sind noch nicht in der Lage, diese kritisch zu hinterfragen. Sie sind so allgegenwärtig, dass selbst Erwachsene sie nicht mehr kritisch betrachten, sondern hinnehmen.

Die eindimensionalen Geschlechterrollen beziehen sich auf alle Medien, mit denen Kinder in Kontakt kommen: Plakate an der Bushaltestelle, Serien und Filme im Fernsehen, Hörspiele, Geschichten und Bilderbücher. Zu den eingrenzenden Geschlechterrollen, die die Medien präsentieren, kommt hinzu, dass Mädchen hier unterrepräsentiert sind. Forscher*innen untersuchten in 24 Ländern 26.500 Hauptfiguren des Kinderfernsehens und stellten fest, dass 68% davon männlich und nur 32% weiblich waren. Im Kino ist die Bilanz noch unausgewogener: mit 75% männlichen Hauptfiguren und lediglich 28% weiblichen Protagonistinnen (vgl. Lehner o.J.).

Gendermarketing

Der Begriff „Gendermarketing" entstand in den 1990er-Jahren in den USA und beschreibt die Art und Weise der Vermarktung von Produkten, bei der die geschlechtsspezifischen Unterschiede zentral sind. Gendermarketing verfolgt den Ansatz, die verschiedenen männlichen und weiblichen Bedürfnisse und Interessen bei der Entwicklung, dem Vertrieb und insbesondere dem Marketing von Produkten zu berücksichtigen (vgl. www.marketinginstitut.biz/blog/gender-marketing/). Die Idee, Produkte an ein bestimmtes Geschlecht zu vermarkten, ist allerdings nicht neu. Neu ist, dass Gendermarketing extrem zugenommen hat und damit eindimensionale Geschlechterrollenbilder und Geschlechterklischees sehr präsent sind. Dieses Prinzip macht auch vor Kinderwerbung nicht halt. Ein Blick in einen Spielzeugkatalog macht es deutlich: Actionfiguren, Fahrzeuge, Dinosaurier und Piraten sind für Jungen, Puppen, Schminksets, Haushaltsgeräte im Kleinformat und Schmucksets für Mädchen. Die Dinge für Jungen sind in dunklen Farben gehalten, die für Mädchen in Rosa und Pastelltönen. Hier nutzt die Marketingbranche die Geschlechtsidentitätsentwicklung der Kinder aus.

Kinder wollen sich immer wieder ihrer Geschlechterkategorie vergewissern und stellen dies permanent dar. Ein Junge muss daher schon sehr weit in seiner Entwicklung sein, wenn er beherzt zum rosa Einhornpulli greift. Und das Konzept des Gendermarketings geht tatsächlich auf: Eine Untersuchung zeigte, dass 4-Jährige dreimal so lange mit einem Xylofon oder Luftballon spielten, wenn ihnen zuvor vermittelt wurde, dass dieses Spielzeug speziell für ihr Geschlecht sei (vgl. Fine 2012, S. 359). Letztendlich geht es darum, möglichst viele Produkte an den Mann, den Jungen, die Frau und das Mädchen zu bringen. Hat eine Familie einen Sohn und eine Tochter, können Kleidung oder Spielzeug nicht ohne Weiteres dem jeweils anderen weitergegeben werden. So braucht John neue Hausschuhe, weil er mit den abgelegten seiner Schwester, die ihm perfekt passen, nicht in der Kita herumlaufen kann, ohne für die kleinen goldenen Kronen darauf gehänselt zu werden. Dieses Beispiel zeigt, dass durch die Differenzierung von Produkten Marktnischen gefunden wurden. Welcher Junge im Kita-Alter möchte sich mit Lillifeezahnpasta die Zähne putzen oder das Leichtkämmspray für kleine Prinzessinnen nutzen? Dafür gibt es schließlich extra die Zahnpasta mit einem kleinen Hai darauf und ein Piratenshampoo. Gendermarketing engt den Spielraum für die Geschlechtsidentitätsentwicklung von Mädchen und Jungen ein. Es werden Unterschiede gemacht und hervorgehoben – und nicht die Gemeinsamkeiten. Die Kluft zwischen Mädchen und Jungen wird dadurch künstlich vergrößert.

Gendermarketing weiter gedacht …

Während sich Spielzeug für Mädchen auf das Zuhause, die sozialen Beziehungen und die Tierwelt konzentriert, bezieht sich das Jungenspielzeug auf den öffentlichen Raum, auf Forschung, Fortbewegung, Konkurrenz und Kampf. Die Kinder werden also durch das Gendermarketing schon auf die „richtige" Spur gebracht. Wird diese Spur beibehalten, ist es logisch, dass die traditionellen Geschlechterrollenbilder nicht aufgeweicht oder neu gestaltet werden können (vgl. Lehner o.J.). Aus Mädchen werden Frauen, die sich gut um andere kümmern können und in Dienstleistungsberufe, Pflege- oder soziale Berufe einsteigen, während aus Jungen Männer werden, die sich als Ingenieure, Architekten oder Automechaniker sehen. Schließlich wählt man die Berufsrichtung, in der man schon die meisten Kompetenzen hat, denn das traut man sich zu.

Fazit: Den Kindern Vielfalt zeigen!

Kinder lernen im Alltag viel über Geschlechter(rollen) und dieses Wissen kann sie in ihrer Geschlechtsidentitätsentwicklung einengen. Sie nehmen Stereotype als Realität wahr, denn sie können die damit verbundenen Verallgemeinerungen kognitiv noch nicht erfassen. Genauso kennen sie noch kein „Sowohl-als-auch", sondern nur ein „Entweder-oder". Deshalb sind sie manchmal sehr erbarmungslos, wenn sich Mädchen wie Jungen verhalten und umgekehrt. So wird zum Beispiel der 4-jährige Luca verspottet, wenn er eine Glitzerleggings trägt. Diese dogmatischen Trennungen geben den Kindern Orientierung und Sicherheit, engen sie aber enorm in ihren Erprobungs- und Entfaltungsmöglichkeiten ein.

Literaturtipp

Hines, S. (Hrsg.) (2019): Wie ändert sich Gender? Große Fragen des 21. Jahrhunderts. München: Dorling Kindersley.

II. Eine geschlechter-bewusste Haltung im Team entwickeln

1. Die eigene Haltung reflektieren

Grundsätzlich sollten Kinder immer individuell betrachtet werden. In der geschlechterbewussten Pädagogik ist es aber zusätzlich wichtig, die soziale Geschlechterrolle des Kindes im Hinblick auf sein Verhalten zu berücksichtigen. Stellt Mirco in jedem Rollenspiel heraus, wie stark er ist, weil er dem männlichen Rollenbild extrem entsprechen möchte? Verkleidet er sich an Fasching aus diesem Grund als Pirat? Anzumerken ist an dieser Stelle, dass den Kindern ihre Verhaltensweisen selbstverständlich gelassen werden sollten! Hier geht es um Beobachtungen und Wahrnehmungen, die es richtig einzuordnen gilt. Aufgrund dieser Wahrnehmungen werden weitere pädagogische Impulse gegeben und Angebote gemacht. Sollte der starke Pirat öfter die Gelegenheit bekommen, sich in eine Spielsituation zu begeben, in der er schwach sein darf oder sich um andere liebevoll kümmern kann oder mit anderen gemeinsam etwas macht und nicht gegeneinander?

Nicht nur das Verhalten der Kinder muss geschlechterbewusst reflektiert werden, sondern auch die eigene Haltung, Meinung und das eigene Verhalten gegenüber Mädchen und Jungen. Schließlich denken auch Erwachsene in Stereotypen. Dies läuft nicht bewusst ab. Wir ordnen die Informationen in „Schubladen", damit wir sie nicht immer wieder neu interpretieren müssen. Stereotype geben so vermeintlich Orientierung und entlasten das Gehirn im stressigen Alltag. Jedoch verhindern sie eine genaue und differenzierte Wahrnehmung und fördern so ein Schubladendenken.

Praxisbeispiel
Mohammed kommt mit einem lackierten Fingernagel in die Kita. Der Erzieherin fällt das auf und sie kommentiert unbedacht: „Oh, hat deine große Schwester dir etwas vom Nagellack abgegeben oder ist der von der Mama?" Die Erzieherin ordnet ihre Wahrnehmung gleich in eine Schublade ein: Junge – Nagellack – muss von Mutter oder Schwester sein. Dass Mohammed den Nagellack zum Geburtstag bekommen hat und es ihm Spaß macht, den Fingernagel mit Farbe zu schmücken, kommt ihr nicht in den Sinn. Möglicherweise käme ihr das jedoch sofort in den Sinn, wenn ein Mädchen mit Nagellack in die Kita käme: „Oh, schön, Luna! Ist das deiner?"

Aus Stereotypen können schnell Vorurteile werden. Menschen werden dann bestimmte Eigenschaften, Vorlieben und Interessen aufgrund eines Merkmals (z. B. ihr Geschlecht) angedichtet, auch wenn sie tatsächlich gar nicht vorhanden sind. Beispiel: Alle Jungen sind wild und laut. Bei genauem Hinsehen würde klar werden, dass man mit diesem Denken den Jungen Unrecht tut, die vom Temperament und Charakter her eher ruhig und zurückhaltend sind. Und hinzu kommt: Kein Kind ist immer wild und laut! Mit Vorurteilen kann man einem Kind also niemals gerecht werden. Deshalb müssen pädagogische Fachkräfte ihren stereotypen Denkweisen und Vorurteilen auf die Schliche kommen. Jeder Mensch hat Vorurteile – wichtig ist, diese zu entlarven, um alle Kinder angemessen wahrnehmen und unterstützen zu können.

Stereotype werden unbewusst übernommen
Kinder, die permanent mit Vorurteilen aufgrund ihres Geschlechts konfrontiert sind, nehmen diese für bare Münze. Unbewusst verhalten sie sich sogar entsprechend dieser nicht der Realität entsprechenden Vorurteile. Wenn Maryam ständig zu hören bekommt, dass sie das Klettergerüst nicht so hoch hinaufklettern soll, weil es zu gefährlich ist, dann wird sie irgendwann glauben, dass sie nicht hoch klettern kann. Schließlich sieht sie, wie ihre Brüder hoch hinaufklettern dürfen und nicht so schnell ermahnt werden. Maryam wird deshalb denken, dass sie es nicht so gut kann, und es sich am Ende auch nicht mehr (zu-)trauen. Und deshalb wird sie es – anders als ihre Brüder – im jungen Alter auch nicht lernen. Dieses Phänomen wird „Stereotype-Threat" (Bedrohung durch Stereotype) genannt. Das stereotype Denken und die Vorurteile, die daraus entstehen, können die Chemie des Gehirns und damit auch das Verhalten des Menschen verändern (vgl. Gebhardt 2008, S. 71).

Folgendes Experiment macht den Effekt des Stereotype-Threat anschaulich: Frauen erzielen schlechtere Ergebnisse in Mathematiktests, wenn sie vor Beginn des Tests mit einem Werbespot für eine Backmischung konfrontiert wurden, in dem Frauen mit dem weiblichen Geschlechterstereotyp dargestellt werden (vgl. Banaji/Greenwald 2015, S. 144). Eine Studie zeigte, dass Mädchen im Alter von 6 Jahren der Meinung waren, sie seien schlech-

Reflexionsfragen zur eigenen Haltung gegenüber Mädchen und Jungen

- Welche Erwartungen habe ich an Jungen?
- Welche Erwartungen habe ich an Mädchen?
- In welchen Situationen gehe ich mit Mädchen und Jungen unterschiedlich um? Zum Beispiel bei der Motivation zu waghalsigen Bewegungssituationen? Beim Trösten? Bei der Auswahl von Bilderbüchern zum Vorlesen? Bei der Wahl des angebotenen Spielzeugs? Bei der Wahl des Geburtstagsgeschenks? Bei den Impulsen im Freispiel?
- In welchen Situationen spreche ich mit Mädchen und Jungen unterschiedlich?
- Welches Verhalten mag ich bei Jungen?
- Welches Verhalten mag ich bei Mädchen?
- Welches Verhalten mag ich nicht bei Jungen?
- Welches Verhalten mag ich nicht bei Mädchen?
- Welche Aufgaben übertrage ich lieber an Mädchen?
- Welche Aufgaben übertrage ich lieber an Jungen?

ter in Mathe als die Jungen, obwohl alle Kinder gleiche Leistungen erbrachten (vgl. www.dw.com/de/oecd-studie-maedchen-sind-oft-mathe-muffel/a-18295356).

Weitere Anregungen zum Nachdenken

Um Kinder bei der Entwicklung einer ihnen entsprechenden Geschlechtsidentität zu unterstützen und zu begleiten, müssen pädagogische Fachkräfte zunächst ihr eigenes Wahrnehmen, Denken und Handeln reflektieren. Die folgenden Anregungen dazu können sowohl einzeln als auch gemeinsam im Team genutzt werden. Der Austausch mit Kolleginnen und Kollegen kann jedoch sehr konstruktiv und hilfreich sein.

Praxisimpulse

„Mit Geschlechterklischees habe ich nichts zu tun"
Ordnen Sie die folgenden Bildmotive Jungen/Männern bzw. Mädchen/Frauen zu.

Bilder von: Lippenstift, rosa Überraschungsei, Nagellack, Hollandrad, Rasierapparat, Bagger, Küchenschürze, Pony, Badehose, Bart, Handtasche, Armband, Parfum, Bundeswehr, Aktentasche, schnelles Auto, Werkzeugkeller, Staubsauger, Kaffeekränzchen, Blaumann, Cheerleader, Hobbykeller, Whisky, Boxhandschuhe, Nageldesign, Liebesroman.

Wahrscheinlich haben Sie die Begriffe weitgehend schnell und zielsicher in die „richtige" Geschlechterkategorie einordnen können. Sie sind dazu in der Lage, weil Sie geschlechtsspezifisch sozialisiert wurden und über entsprechendes Wissen zu Geschlechterrollen und -klischees verfügen. Das Kategorisieren in „männlich" und „weiblich" ist ein wesentliches Ordnungsprinzip in unserer Gesellschaft. Alltagsprodukte wie Kleidung, öffentliche Toiletten, Frisiersalons oder Zeitschriften werden in „für Männer" und „für Frauen" eingeteilt. Und auch wenn wir dieser Einteilung kritisch gegenüberstehen, haben wir sie doch verinnerlicht.

Das neue Kind in der Gruppe
Stellen Sie sich folgende Situation vor:
Sie erfahren, dass ein neues Kind in Ihre Gruppe kommt. Das Geschlecht wird dabei nicht mitgeteilt. Als Sie das Kind am ersten Tag begrüßen, erkennen Sie nicht, ob es sich bei Kim, dem neuen Kind, um ein Mädchen oder um einen Jungen handelt.

Überlegen Sie nun:
- Welche Gefühle haben Sie?
- Was denken Sie?
- Warum denken Sie so?
- Was tun Sie?
- Warum tun Sie es?

Stellen Sie sich folgende Situation vor:
Helena und Maya halten Händchen, geben sich einen Kuss auf die Wange und verkünden, dass sie heiraten werden, wenn sie groß sind.

Überlegen Sie nun:
- Welche Gefühle haben Sie?
- Welche Gedanken haben Sie?
- Wie reagieren Sie auf diese Situation?
- Warum reagieren Sie so auf diese Situation?
- Würden Sie gerne anders reagieren? Wie und warum?

„Es ist mir nicht wichtig, ob ein Kind männlich oder weiblich ist"

Stellen Sie sich folgende Situation vor: Lukas und Murat halten Händchen, geben sich einen Kuss auf die Wange und verkünden, dass sie heiraten werden, wenn sie groß sind.

Überlegen Sie nun:
- Welche Gefühle haben Sie?
- Welche Gedanken haben Sie?
- Wie reagieren Sie auf diese Situation?
- Warum reagieren Sie so auf diese Situation?
- Würden Sie gerne anders reagieren? Wie und warum?

Stellen Sie sich folgende Situation vor: Die 5-jährige Gülzün verwüstet die Rollenspielecke und weigert sich aufzuräumen. Sie schreit Sie an, dass sie im Leben niemals aufräumen wird, weil das alles genauso liegen bleiben soll!

Überlegen Sie nun:
- Welche Gefühle haben Sie?
- Welche Gedanken haben Sie?
- Wie reagieren Sie auf diese Situation?
- Warum reagieren Sie so auf diese Situation?
- Würden Sie gerne anders reagieren? Wie und warum?

Stellen Sie sich folgende Situation vor: Der 5-jährige Henry verwüstet die Rollenspielecke und weigert sich aufzuräumen. Er schreit Sie an, dass er im Leben niemals aufräumen wird, weil das alles genauso liegen bleiben soll!

Überlegen Sie nun:
- Welche Gefühle haben Sie?
- Welche Gedanken haben Sie?
- Wie reagieren Sie auf diese Situation?
- Warum reagieren Sie so auf diese Situation?
- Würden Sie gerne anders reagieren? Wie und warum?

Reflektieren Sie, ob es einen Unterschied in Ihrer Wahrnehmung und Bewertung der Situation macht – je nachdem, ob ein Junge oder ein Mädchen etwas tut. Falls ja: welchen? (vgl. Hubrig 2016, S. 14 ff.)

Literaturtipp

Hubrig, S. (2021): Kein Platz für Schubladendenken. Vorurteilsbewusst erziehen. Mühlheim a. d. R.: Verlag an der Ruhr.

Richter, S. (2022): Vorurteilen und Diskriminierung in der Kita begegnen. Vorurteilsbewusste Bildung und Erziehung als inklusives Praxiskonzept. Freiburg: Herder.

Wagner, P. (Hrsg.) (2017): Handbuch Inklusion. Grundlagen vorurteilsbewusster Bildung und Erziehung. 4. Auflage, Freiburg: Herder.

2. Wertschätzung „weiblichen" und „männlichen" Verhaltens

Die männlich konnotierten Bereiche, Tätigkeiten und Ausdrucksweisen werden in unserer Gesellschaft höher bewertet und angesehen als die weiblichen. Das drückt sich beispielsweise in der unterschiedlichen Bezahlung sogenannter Frauenberufe (z. B. Krankenschwester, Frisörin oder Kinderpflegerin) und Männerberufe (z. B. KFZ-Mechaniker, Elektroniker oder Glaser) aus. Dieses unterschiedliche Maß an Wertschätzung für vermeintlich Weibliches und Männliches wird auch im Alltag immer wieder deutlich. Ein Mädchen, das sich jungenhaft kleidet und Pilotin werden möchte, gilt als cool und „tough". Wenn ein Junge hingegen mit mädchenhafter Kleidung in die Kita kommt und sein Berufswunsch Frisör ist, wird er wahrscheinlich kritischer beäugt. Viele Eltern sind weniger stolz, wenn sich ihr Sohn seine Zukunft als Vater, Hausmann und mit einer halben Stelle in einer Krabbelgruppe vorstellt, als wenn ihre Tochter äußert, später zwar Kinder bekommen zu wollen, ihrem Job als Managerin einer großen Firma aber immer Priorität einzuräumen. Viele Jungen und Männer müssen sich vor Freund*innen und der Familie dafür rechtfertigen, wenn sie einen typisch weiblichen Beruf ergreifen wollen.

Sowohl Mädchen/Frauen als auch Jungen/Männer werden durch die gesellschaftliche Abwertung vieler weiblicher Bereiche, Tätigkeiten und Fähigkeiten in ihrer tatsächlichen Lebensgestaltung und damit auch der Entwicklung ihrer Geschlechtsidentität beschränkt. Welcher Junge würde sich beispielsweise gerne mit einer Puppe zeigen, wenn er dafür eher belächelt wird? Mit dieser Reaktion seitens der Erwachsenen wird ihm die Chance

genommen, sich im fürsorglichen, pflegerischen Verhalten zu erleben und dieses zu üben. Pädagogische Fachkräfte sollten daher unbedingt darauf achten, die gesellschaftlich weiblich assoziierten Fähigkeiten und Attribute als genauso wertvoll zu erachten und darzustellen wie die männlichen.

3. Geschlechtsspezifische Rollenverteilung im Team

Pädagogische Fachkräfte sind noch immer überwiegend weiblich. Während 2021 ca. 654.000 weibliche Fachkräfte in der professionellen Kinderbetreuung arbeiteten, waren es lediglich 53.708 männliche Fachkräfte (vgl. https://de.statista.com/statistik/daten/studie/1011435/umfrage/maennliche-fachkraefte-in-der-kinderbetreuung-in-deutschland). In geschlechtergemischten pädagogischen Teams kommt es meistens „wie von selbst", dass Aufgaben entsprechend der Geschlechterklischees übernommen werden. Spontan und intuitiv handelt jeder und jede so, wie es gelernt wurde. So übernehmen Frauen oft das Trösten oder Wickeln von Kindern, während Männer mit den Kindern auf dem Außengelände Fußball spielen oder die schweren Fahrgeräte aus dem Schuppen holen. Bei der Verteilung bestimmter Tätigkeiten scheint sich unbewusst (oder auch bewusst) ein Geschlecht besonders angesprochen zu fühlen: „Wer bringt das neue Regal an der Wand im Mitarbeiter*innenraum an?" Der Patrick! „Wer dekoriert die Fensterbank für das Lichterfest?" Die Rita! Die geschlechtsspezifische Aufgabenverteilung zeigt, wie Jungen/Männern und Mädchen/Frauen unterschiedliche Fähigkeiten, Neigungen und Interessen antrainiert werden können. Die Folgen sind bedauerlich. Patrick wird nicht in den Genuss kommen, die Fensterbank zu dekorieren, und Rita wird nicht ihre mögliche Hemmschwelle vor dem Umgang mit der Bohrmaschine verlieren.

Pädagogische Fachkräfte sollten zwar authentisch agieren, aber dennoch professionell. Diese Balance zwischen Authentizität und Pro-

---

Reflexionsfragen zum Umgang mit „geschlechteruntypischen" Verhaltensweisen

- Was fühle ich und wie gehe ich damit um, wenn ein Junge schnell weint und ängstlich ist?
- Was fühle ich und wie gehe ich damit um, wenn ein Mädchen laut und durchsetzungsstark ist?
- Was fühle ich und wie gehe ich damit um, wenn ein Junge eine Barbie mit zum Spielzeugtag bringt?
- Was fühle ich und wie gehe ich damit um, wenn ein Mädchen Dinosaurierfiguren mit zum Spielzeugtag bringt?
- Was fühle ich und wie gehe ich damit um, wenn ein Mädchen in einem Fußballoutfit in die Kita kommt?
- Was fühle ich und wie gehe ich damit um, wenn ein Junge im Rüschenkleid in die Kita kommt?

fessionalität muss immer wieder hergestellt werden. Würden Fachkräfte nur nach intuitiver Vorliebe Aufgaben in der Kindergruppe übernehmen, würden sie nicht nur ihre eigenen Erfahrungsräume beschränken, sondern dies würde sich auch auf die Ausgestaltung der Geschlechtsidentität der Kinder auswirken. Erzieher*innen fungieren für die Kinder als Geschlechterrollenmodelle und es ist schade und einengend, wenn Letztere in dem Glauben aufwachsen, dass Männer für Handwerk und Bewegung zuständig sind, während sich Frauen um die Beziehungsarbeit kümmern, darum, dass es „schön" aussieht, sowie um pflegerische und hauswirtschaftliche Tätigkeiten (vgl. Hubrig 2019, S. 102ff.). Beim Nachdenken über eine geschlechterbewusste Aufgabenverteilung im Team geht es nicht darum, dass Patrick nie wieder eine Bohrmaschine in der Kita in die Hand nehmen soll. Es geht vielmehr darum, dass auch Rita diese handwerkliche Erfahrung machen darf und Patrick, der durch seine männliche Sozialisation bereits den Umgang damit gelernt hat, sie dabei unterstützt. Auch für die Kinder ist es gut zu sehen, dass Erwachsene alle Tätigkeiten – auch die vermeintlich geschlechtsuntypischen – ausüben und sich dabei gegenseitig helfen.

4. Geschlechterbewusste Sprache

Sprache hat Einfluss auf unser Denken. Dieses lässt Bilder im Kopf entstehen. Sind die Formulierungen immer männlich, dann spiegelt sich dies im „Kopfkino" wider. Welches Bild entsteht beim Lesen des folgendes Satzes vor Ihrem inneren Auge? „Die Erzieher waren begeistert von der Fortbildung!" Und welches nun? „Die Erzieherinnen und Erzieher waren begeistert von der Fortbildung!" Während wahrscheinlich viele Menschen beim ersten Satz ein Bild von männlichen Fachkräften vor Augen haben, so sehen alle beim zweiten Satz männliche und weibliche Fachkräfte vor sich. Möglicherweise war das „Erzieher" im ersten Satz als sogenanntes generisches Maskulinum (siehe Kasten S. 18) gedacht. Das heißt, dass die männliche Form kein Geschlecht anzeigt und sowohl Männer als auch Frauen meint.

In der deutschen Sprache ist es oft so, dass Frauen sich mitgemeint fühlen sollen. Mitgemeint heißt aber nicht immer, dass sie auch mitgedacht werden. Mädchen und Frauen

Reflexionsfragen zur Aufgabenverteilung in geschlechtergemischten Teams

- Welche Aufgaben stehen an?
- Wer übernimmt welche Aufgabe?
- Hat die Übernahme einer bestimmten Aufgabe mit dem Geschlecht bzw. mit der geschlechtlichen Sozialisation zu tun? Falls ja, warum?
- Hat die Ablehnung bestimmter Aufgaben mit dem Geschlecht bzw. mit der geschlechtlichen Sozialisation zu tun? Falls ja, warum?
- Wie können wir die Aufgaben verteilen, sodass jeder und jede die Chance hat, bestimmte Tätigkeiten zu machen?
- An welchen Stellen wird Unterstützung von Kolleg*innen benötigt?
- Wie kann diese Unterstützung realisiert werden?

Literaturtipp

kibesuisse – Verband Kinderbetreuung Schweiz (2017): Frauen und Männer in einem gemischten Team. Leitfaden für Kindertagesstätten. www.kibesuisse.ch/fileadmin/Dateiablage/kibesuisse_Publikationen_Deutsch/170323_Leitfaden_Gemischte_Teams_kibesuisse.pdf

Sieberns, E./Kratz, J./Mahr, S. (2013): Innenansichten aus geschlechtergemischten Teams. In: TPS – Theorie und Praxis der Sozialpädagogik, 4/2013. Stuttgart: Klett Kita, S. 20ff.

werden verlässlich dann mitgedacht, wenn sie auch ausdrücklich mit angesprochen werden. Wenn Kinder im Kita-Alter männlich formulierte Sätze hören, sind sie noch nicht in der Lage zu verstehen, dass die weibliche Form mitgemeint ist (vgl. Thörner 2021, S. 58). Außerdem fühlt es sich ganz anders an, wenn ein Mädchen auch explizit als Mädchen angesprochen wird. „Alle Jungen und alle Mädchen, die Lust auf Ringkampf haben, kommen bitte in den Bewegungsraum!" Hier kommt das ein oder andere Mädchen möglicherweise überhaupt erst auf die Idee zu überlegen, ob ein Ringkampf im Bewegungsraum nicht auch etwas für es sein könnte. An anderen Tagen ist es vielleicht so, dass die Jungen die Matten für ihre Kämpfe benutzen und es ein ungeschriebenes Gesetz ist, dass Mädchen dort nicht mitmachen. Umgekehrt profitieren auch Jungen von einer expliziten Ansprache, wenn es um Bereiche oder Aktivitäten geht, die ihnen aufgrund ihrer männlichen Sozialisation nicht selbstverständlich zugänglich sind. „Alle Mädchen und Jungen, die Bettzeug für die Puppenbetten nähen möchten, treffen sich heute im grünen Raum!"

Selbiges gilt auch für die Ansprache von Eltern im Rahmen von Elternbriefen oder Aushängen. Bei dem Aufruf „Wir suchen für unser Sommerfest noch eine Mutter oder einen Vater, die/der sich für den Grill zuständig fühlt", würden sich vielleicht nicht nur die Männer angesprochen fühlen, sondern auch Frauen das sonst traditionell von Männern besetzte Territorium betreten. Und wenn der angestammte Platz des Mannes beim Sommerfest von einer Frau besetzt ist, bekommt er die Chance, Fingerfood zuzubereiten und mitzubringen (in der Regel fühlen sich Mütter zuständig, wenn es um die Zubereitung von Speisen für Kinder geht, auch wenn Eltern im Allgemeinen angesprochen werden). Und für die vielfältigen Tätigkeiten von Müttern und Vätern gilt dasselbe wie für die Aufgabenverteilung im Team: Nicht nur die Mütter und Väter profitieren davon, wenn sie auch bei „geschlechtsuntypischen" Aufgaben explizit mitgenannt werden, denn so können sie möglicherweise neue Erfahrungen machen und sich einmal anders erleben. Auch die Kinder haben etwas davon, wenn sie Mütter und Väter als Geschlechterrollenmodelle bei unterschiedlichsten Tätigkeiten erleben (vgl. Hubrig 2019, S. 91 ff.).

Experiment zum Zusammenhang von Sprache und Vorstellung

Ein Experiment, das mit 591 Grundschüler*innen durchgeführt wurde, bestätigt den Zusammenhang von Sprache und innerer Vorstellung. Den Kindern wurden 16 Berufsbezeichnungen vorgestellt. Während dabei bei der einen Gruppe der Kinder das generische Maskulinum verwendet wurde (z. B. Arzt), wurden in der anderen Gruppe die Berufsbezeichnungen in der männlichen und in der weiblichen Form benannt (z. B. Ärztin und Arzt). Das Ergebnis brachte unter anderem hervor, dass sich mehr Mädchen vorstellen konnten, einen „typischen Männerberuf" zu ergreifen, wenn die weibliche Berufsbezeichnung mitgenannt wurde. Auch Jungen konnten sich einen „typischen Frauenberuf" für sich vorstellen, wenn die männliche Bezeichnung neben der weiblichen genannt wurde (vgl. Vervecken/Hannover 2015, S. 76 ff.).

Definition generisches Maskulinum

Das generische Maskulinum ist eine Berufs- oder Personenbezeichnung in der grammatisch männlichen Form. Unabhängig davon, welche Geschlechter in der bezeichneten Gruppe vertreten sind, wird diese als männlich benannt – wobei tatsächlich alle Geschlechter gemeint sind. Das Adjektiv generisch bedeutet in diesem Zusammenhang „allgemeingültig", also die ganze Personengruppe betreffend (vgl. www.genderleicht.de/generisches-maskulinum/). Wenn also von einer Gruppe von Pädagogen die Rede ist, dann sind nicht nur die männlichen, sondern auch anwesende weibliche oder diverse Pädagog*innen gemeint.

Geschlechterneutrale Begriffe verwenden

Grundsätzlich sollte darauf geachtet werden, geschlechterneutrale Begriffe zu verwenden. So fallen oftmals lange, umständlich klingende männliche und weibliche Versionen weg. Aus „Liebe Zuschauerinnen und Zuschauer!" wird „Liebes Publikum!". Alltägliche, aber männlich geprägte Begriffe wie „Mannschaft" oder „Kaufmannsladen" können ersetzt werden durch „Team" oder „Einkaufsladen". In vielen Kitas, die eher traditionell arbeiten, wird auch noch von der „Puppenecke" gesprochen. Diese ist zwar vom Begriff her geschlechterneutral, aber viele Jungen meinen, dieser Bereich sei nichts für sie, weil sie männlich sozialisiert sind. Deshalb wäre eine andere Bezeichnung, wie zum Beispiel „Wohnung" oder „Haus", vorzuziehen und aus der Tanz-AG kann die Bewegungs-AG mit Musik werden (vgl. Hubrig 2019, S. 91ff.).

Pädagogische Fachkräfte sollten ihren eigenen Sprachgebrauch und die althergebrachten Begriffe aus dem Kita-Alltag unter dem Aspekt der Gleichberechtigung von Jungen und Mädchen unter die Lupe nehmen. So wird möglicherweise aus dem Müttercafé ein Elterncafé oder aus der Mitarbeiterbesprechung eine Teambesprechung. Auch wenn es manchmal vielleicht lästig ist, sollten sich die Fachkräfte auch gegenseitig verbessern, wenn nur ein Geschlecht angesprochen wird, obwohl es beide Geschlechter betrifft. Denn nur so kann eine geschlechtergerechte Sprache zur Gewohnheit werden.

Erzieher*in, Erzieher_in, Erzieher:in?

Grammatikalisch richtig ist es, die weibliche und die männliche Form zu nutzen wie beispielsweise „Liebe Erzieherinnen und Erzieher". Vielen Menschen erscheint dies beim Sprechen und Schreiben zu umständlich und zu lang. Unter anderem deshalb setzt sich das sogenannte Gender-Sternchen immer mehr durch: Erzieher*innen. Beim Sprechen wird anstelle des Sternchens eine kurze Pause gemacht. Der Stern symbolisiert auch, dass sich alle Geschlechter angesprochen fühlen sollen. Denselben Grund haben auch weitere geläufige Schreibweisen wie Erzieher_innen oder Erzieher:innen.

Reflexionsfragen zum Sprachgebrauch

- Spreche ich Mädchen und Jungen stets explizit an oder allgemein Kinder?
- In welchen Situationen ist es sinnvoll, Mädchen und Jungen explizit anzusprechen, damit sich auch tatsächlich alle Kinder gemeint fühlen (z. B. bei Aktivitäten, die gesellschaftlich als besonders männlich oder weiblich konnotiert sind, wie Kämpfen und Puppenspiele)?
- Welche Begriffe werden in der Kita verwendet, die sich nur an ein Geschlecht wenden (z. B. Mitarbeiterraum)?
- Welche geschlechtsneutralen Alternativen gibt es (z. B. Pausenraum oder Teamraum)?
- Welche Begriffe werden in der Kita verwendet, die sehr einseitig mit Weiblichkeit und Männlichkeit assoziiert werden (z. B. Puppenecke oder Bauteppich)?
- Welche Alternativen gibt es, die gleichermaßen Mädchen und Jungen ansprechen (z. B. Wohnung oder Gestaltungsteppich)?

(Vgl. Hubrig 2019, S. 90)

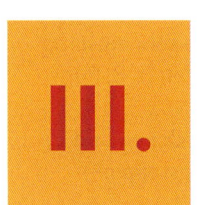

III. Spielräume geschlechterbewusst gestalten

1. Raumgestaltung

Die Kita ist nach wie vor ein weiblich dominierter Raum. Je jünger die Kinder sind, desto mehr weibliche pädagogische Fachkräfte arbeiten mit ihnen. Das führt dazu, dass die Raumgestaltung, die Angebote und Spielimpulse weiblich geprägt sind. Schließlich haben die Erzieherinnen alle eine weibliche Sozialisation durchlaufen, die sie prägt. Singen, Gestalten und Vorlesen gehören in jeder Kita zum pädagogischen Alltag; männlich assoziierte Aktivitäten wie Kampfspiele oder Werken eher nicht. Diese finden, wenn überhaupt, meist außerhalb des Gruppenraums statt. Deutlich wird die Dominanz weiblicher Aktivitäten beispielsweise, wenn männliche Praktikanten von den Kindern überschwänglich zum Fußballspielen oder Raufen in Beschlag genommen werden. Gesellschaftlich männlich assoziierte Angebote und Spielimpulse kommen in einigen Kitas zu kurz. Dadurch können Jungen und Mädchen nur eingeschränkt ihre Interessen und Fähigkeiten herausfinden und erweitern. Aufgrund dessen sollten sich Kita-Teams kritisch mit der Frage auseinandersetzen, ob sie tatsächlich alle für die Kinder wichtigen Bildungsbereiche zu gleichen Teilen – also geschlechtergerecht – im pädagogischen Alltag berücksichtigen.

Spielbereiche

Durch die Aufteilung des Gruppenraums in bestimmte Spielbereiche, wie zum Beispiel Puppenecke, Bauecke und Rollenspielbereich, wird der Raum gleichzeitig in „männlich" und „weiblich" eingeteilt. So sind in der Puppenecke meist die Mädchen zu beobachten, während die Bauecke häufig von Jungen bespielt wird. Die geschlechtliche Durchmischung der Spielbereiche fehlt in vielen Kitas. Dies gilt weitgehend auch für Kitas, die nach dem Offenen Konzept arbeiten und die Gruppenräume zu Funktionsräumen und Lernwerkstätten umgestaltet haben. Die Klischeevorstellungen von „für Mädchen" und „für Jungen" können durch die Trennung der einzelnen Themenschwerpunkte (z.B. Malecke und Bauecke bzw. Gestaltungsraum und Konstruktionsraum) noch verstärkt werden. Selbstverständlich verbietet keine Fachkraft den Jungen, sich in der Puppenecke einzurichten und sich liebevoll um die Puppen zu kümmern, aber aufgrund der Phase der Geschlechtsidentitätsentwicklung, in der sich Kita-Kinder befinden, werden die Jungen dies vermutlich eher nicht tun. Und den Mädchen wird natürlich keinesfalls der Konstruktionsraum verwehrt. Aber nutzen sie ihn auch im selben Maße wie die Jungen? Mädchen und Jungen haben also letztendlich nur theoretisch Chancengleichheit in der Kita, praktisch sieht es anders aus. Sie erlernen die geschlechtsspezifischen Tätigkeiten, die den jeweiligen Spielbereichen zugeschrieben werden, und trainieren diese.

Ein Weg aus diesem Dilemma wäre, die Spielbereiche in der Kita aufzulösen und so zu durchmischen, dass Jungen und Mädchen ganz selbstverständlich geschlechterunabhängige Erfahrungen machen können. Würde die räumliche Trennung samt der Trennung von bestimmten Spielmaterialien aufgehoben, wäre es möglich, in der Pfanne am Spielherd ein Gericht aus Bauklötzen zuzubereiten, Buntstifte könnten in LKWs verladen werden und Handspiegel könnten in einem konstruierten Haus angebracht werden, um daraus einen Prinzessinnenpalast werden zu lassen. Eine Untersuchung, die in einem Kindergarten der Stadt Regensburg durchgeführt wurde, bestätigt den positiven Effekt für Kinder, wenn die geschlechterstereotyp konnotierten Spielbereiche aufgelöst werden und das Spielmaterial durchmischt wird. Die Kinder spielten nach den Beobachtungen der Forscher*innen zwei Monate nach der Umräumaktion weniger geschlechtertypisch und mit allen Spielmaterialien. Durch den Umgang mit Bauklötzen zeigten Mädchen ein verbessertes räumliches Denkvermögen. Jungen, die mehr fantasievolle Rollenspiele spielten, fielen durch ein kompetenteres sozial-emotionales Verhalten auf. Eine interessante Frage ist die Langfristigkeit der Veränderungen. Diese wurde noch nicht untersucht (vgl. www.welt.de/wissenschaft/article160301276/Warum-Jungs-Ritter-und-Maedchen-Prinzessin-spielen.html).

Reflexionsfragen zu den Angeboten für Mädchen und Jungen

- Welchen Aktivitäten können Kinder in der Kita nachgehen?
- Welche Aktivitäten fehlen im Alltag und werden nur außer der Reihe angeboten?
- Zu welchen Aktivitäten werden die Kinder durch die Fachkräfte besonders angeregt?
- Zu welchen Aktivitäten regen Raumgestaltung und Materialangebot besonders an?
- Welche Aktivitäten kommen zu kurz? Warum kommen sie zu kurz?
- Wie können diese zu kurz gekommenen Bildungsbereiche für die Kinder in stärkerem Maße zugänglich gemacht werden?

Reflexionsfragen zu den Spielbereichen im Gruppenraum

- Welche Spielbereiche gibt es im Gruppenraum?
- Wer spielt dort am meisten (Mädchen oder Jungen)?
- Wer spielt dort selten oder nie (Mädchen oder Jungen)?
- Was wird gespielt?
- Wie können Bereiche sinnvoll zusammengelegt und verändert werden?

Praxistipp

Zeitweilige Geschlechtertrennung

Funktionsräume und Spielbereiche können zeitweise für Jungen oder für Mädchen „reserviert" sein. So ist die Puppenecke zum Beispiel an einem Vormittag nur für Jungen zugänglich und der Bolzplatz auf dem Außengelände nur für Mädchen. Jungen und Mädchen haben dann die Gelegenheit, unter sich „geschlechteruntypischen" Tätigkeiten nachzugehen und entsprechende Erfahrungen zu machen.

Spielzeugausgabe auf dem Flur

Die festgelegten Spielbereiche können auch ganz aufgelöst werden. In der Kita fun & care in Wien wird das Spielmaterial in Rollcontainern aufbewahrt, sortiert nach Spielzeuggattung. Diese sind für alle Kinder zugänglich auf dem Flur deponiert. Die Kinder können sich dort holen, was sie zur Umsetzung ihrer Spielideen benötigen. So werden alle Spielzeuge und -materialien miteinander gemischt und nach Bedarf verwendet (vgl. https://kurier.at/leben/geschlechtsneutraler-kindergarten-wo-kinder-aus-der-rolle-fallen/400063733).

2. Spielmaterialien

Eine weitere Möglichkeit, die geschlechterkonnotierten Spielmaterialien aufzuheben, ist ein spielzeugfreier Kindergarten – oder zumindest eine Reduzierung des Spielmaterials auf eine Auswahl, die nicht mit Geschlechterklischees behaftet ist. Besonders gut eignen sich dafür Naturmaterialien wie Kastanien oder kleine Äste, Basismaterialien wie Kleber, Papier, Stifte, Schere sowie Alltagsmaterialien wie Tücher, Bettlaken, Schüsseln etc. Diese sind gesellschaftlich nicht als „für Mädchen" oder „für Jungen" festgelegt und können nicht zwangsläufig damit assoziiert werden. Ein Tuch kann beispielsweise als fliegender Teppich, als Kopftuch, als Höhlentür, als Picknickdecke oder auch als Verband verwendet werden. Grundsätzlich sollte Spielmaterial zweckentfremdet und vielseitig einsetzbar sein. Des Weiteren gilt: Weniger Spielzeug ist manchmal mehr. Je weniger Spielzeug, desto kreativer und fantasievoller können die Kinder im Spiel sein. Zudem kommunizieren sie mehr miteinander. Mit weniger Spielmaterial müssen sie sich im gemeinsamen Spiel austauschen und Absprachen treffen („Also das Tuch ist jetzt unsere Picknickdecke und wir laufen in den Wald").

Reflexionsfragen zu gendergerechtem Spielmaterial

- Welche Spielzeuge können mit männlich oder weiblich assoziiert werden? In welchen Spielbereichen befinden sie sich?
- Gibt es insgesamt mehr männlich oder mehr weiblich assoziierte Spielzeuge?
- Welche Kinder spielen mit welchem Material?
- Welche Kinder spielen nie oder selten mit welchem Material?
- Lassen sich die Spielzeugvorlieben und das Geschlecht miteinander in Verbindung bringen?
- Welches Spielmaterial ist unspezifisch und wird nicht mit einem Geschlecht assoziiert?
- Welche Spielmaterialien sind vielseitig für unterschiedliche Spielideen zu nutzen?
- Welches Spielmaterial bietet nur eindimensionale Spielmöglichkeiten?
- Gibt es Spielmaterial, das wir reduzieren sollten? Wenn ja, warum?
- Gibt es Spielmaterial, das wir ganz entfernen sollten? Wenn ja, warum?

Dem Genderetikett auf der Spur

Nicht nur Kleidungsstücke oder Accessoires für Kinder werden „gegendert", das heißt mit einer Kleinigkeit versehen, damit sie ganz klar als „für Mädchen" oder „für Jungen" identifiziert werden. Ein blaues T-Shirt mit einem rosa Herzchen ist für Mädchen, ohne das Herzchen wäre es für Jungen. Ein Schnuller in Hellblau ist für Jungen, ein rosafarbener für Mädchen. Selbst Kosmetikprodukte wie Feuchttücher in rosa und hellblauer Verpackung, Badeschaum mit dem Genderetikett Pirat für Jungen und Prinzessin für Mädchen sind klar für Kinder und Eltern zuzuordnen. Auch Nahrungsmittel werden gegendert, wie etwa das Überraschungsei für Jungen und für Mädchen mit entsprechenden klischeehaften Spielfiguren darin. Da Eltern viel Geld für das Spielzeug ihrer Kinder ausgeben, werden diese selbstverständlich auch von der Industrie mit Genderetiketten versehen. Das steigert den Umsatz, denn wer einen Sohn und eine Tochter hat, muss alles doppelt kaufen. So hat die Brotdose mit dem rosa Einhorn ausgedient, wenn das Mädchen in die Schule kommt, denn ihr kleiner Bruder kann sich damit in der Kita nicht blicken lassen. Für ihn wird eine Brotdose mit einem Dinosaurier oder einem Bagger darauf gekauft.

In der Kita sollte darauf geachtet werden, dass Spielmaterialien, von denen die Kinder durch das Genderetikett ganz genau wissen, für welches Geschlecht es bestimmt ist, entfernt werden. Sind die Plastikteller in der Kinderküche rosa? Gibt es sie auch in einer genderneutralen Farbe (z. B. Grün)? Es ist spannend, einmal detektivisch auf die Suche nach den Genderetikettierungen zu gehen, die lediglich der Industrie dienen und die Kinder in ihrer Geschlechtsidentitätsentwicklung einschränken. Wenn entsprechende Spielzeuge nicht ganz aussortiert werden, können zumindest die Genderetiketten entfernt oder überklebt werden.

Wenn Kinder Spielzeug mit in die Kita bringen, das stereotype Geschlechterbilder transportiert, wie beispielsweise eine muskelbepackte, kampfbereite Actionfigur oder eine dürre, glitzernde Barbie, sollten Fachkräfte dieses nicht verbieten oder sich abfällig darüber äußern. Die Kinder identifizieren sich insbesondere in der Vorschulzeit mit diesen Spielzeugen und würden sich persönlich abgelehnt fühlen, wenn ihr geliebtes Spielzeug abgelehnt wird. Sinnvoll ist es, dieses Spielzeug als Chance zu nutzen, um mit den Kindern über Themen wie Männer- und Frauenbilder ins Gespräch zu kommen. Was fasziniert die Kinder an diesem Spielzeug? Können die Fachkräfte diese Faszination aufgreifen und anders in der Kita bearbeiten als über einengende Geschlechterrollen?

Vielfältiger Rollenspielbereich
Viele Rollenspielbereiche oder Verkleidungsecken stellen den Kindern geschlechterstereotype Verkleidungsmöglichkeiten zur Verfügung. So wie beim Spielmaterial wissen Kinder sofort, ob ein Kostüm für Jungen oder für Mädchen gedacht ist – und dieses wird dann auch so genutzt. Mädchen ziehen sich Prinzessinnenkleider an und Jungen greifen zur Polizeiuniform. Damit Mädchen und Jungen gleichermaßen die Chance haben, in unterschiedlichste Rollen zu schlüpfen und sich vielfältig zu erleben, sollte darauf geachtet werden, dass für beide Geschlechter eine passende Verkleidung für jede Rolle vorhanden ist. So sollte beispielsweise neben dem Krankenschwesterkostüm auch ein Krankenpflegerkostüm hängen. Und neben dem weißen Steckenpferd mit wallender Glitzermähne sollte auch ein braunes oder schwarzes Pferd vorhanden sein. Umgekehrt sollte neben dem Superheldenkostüm auch ein Superheldinnenkostüm im Angebot sein. Oft fehlen

Accessoires für Jungen, mit denen sie sich schmücken können. Mädchen werden dagegen schnell fündig und greifen zu den Haarspangen, Haarreifen, Langhaarperücken, Kronen, Handtaschen und Halsketten. Um Jungen die Erfahrung des sich Schmückens zu ermöglichen, sollten beispielsweise Sonnenbrillen, Rucksäcke, verschiedene Käppis und Mützen, Tatoostifte etc. angeboten werden. Daneben sollte es auch immer unspezifisches Verkleidungsmaterial geben wie Tücher, Stoffbahnen, Tüll in unterschiedlichen Farben, mit denen die Kinder sich fantasievoll verkleiden können.

Reflexionsfragen zur Gendergerechtigkeit im Rollenspielbereich

- Ist ein Verkleidungsangebot vorhanden, das gleichermaßen Jungen und Mädchen anspricht?
- Ist das Angebot von typisch weiblichen und typisch männlichen Verkleidungen ausgeglichen? Und gibt es jeweils eine Variante für das andere Geschlecht?
- Gibt es genügend (geschlechtsneutrale) Materialien, mit denen die Kinder ihre individuellen Verkleidungsideen umsetzen können?
- Stehen den Kindern ausreichend Verkleidungen und Accessoires zur Verfügung, mit denen sie in unterschiedliche Geschlechterrollen schlüpfen und Tätigkeiten von Männern und Frauen nachspielen können?

(Vgl. Hubrig 2019, S. 66 ff.)

3. Medienangebote

Bilderbücher sind die Medien, die in jeder Kita vorhanden sind. Unabhängig vom eigentlichen Thema des Bilderbuches vermittelt es ganz „nebenbei" auch immer Informationen über die Geschlechterrollen: Wie verhalten sich Männer und wie verhalten sich Frauen? Wie kleiden sich Männer und Frauen? Welche Berufe haben Männer und welche die Frauen? Bilderbücher können hinsichtlich der Geschlechtsidentitätsentwicklung der Kinder sehr bereichernd sein, wenn den Mädchen und Jungen unterschiedlichste Ausgestaltungen der Geschlechterrollen gezeigt werden. So kann beispielsweise die 4-jährige Jara, die gerade sehr fasziniert von Zügen und Bahnhöfen ist, im Bilderbuch sehen, dass eine Frau als Zugführerin arbeitet. Bisher dachte sie, das wäre ein Beruf nur für Männer. Und der 6-jährige Vladimir lernt durch ein Bilderbuch, dass ein Mann weinen kann und dass das ganz normal ist. Das kannte er bisher von seinem Vater oder anderen erwachsenen Männern noch nicht. Durch die Auswahl der Bilderbücher sollen Kinder ihr Geschlechterrollenverständnis erweitern können. Dafür müssen vielfältige Modelle präsentiert werden. Bei der Auswahl ist zu beachten, dass Kinder zunächst auch etwas Vertrautes finden sollten, etwas, das sie schon kennen. Auf dieser Basis können sie sich dann auch auf etwas Unvertrautes einlassen. Sie lernen dann nicht nur auf kognitiver Ebene ihnen noch fremde Geschlechterrollenbilder kennen, sondern können sich auch selbst anders erleben, wenn sie der Geschichte emotional folgen.

Leider zeigen verschiedene Studien, dass in Bilderbüchern weibliche und männliche Geschlechterrollen überwiegend stereotyp dargestellt werden. Dies zeigt sich im Aussehen und der Kleidung der Menschen sowie in ihren Aktivitäten. So sind beispielsweise pädagogische Fachkräfte weiblich und Polizisten sowie Feuerwehrleute überwiegend männlich. Im Auto sitzen Frauen auf dem Beifahrer*innensitz und Männer am Steuer. Männer haben kurze Haare und eine Aktentasche unter dem Arm und Frauen tragen ein Einkaufsnetz. In Bilderbüchern, in denen Tiere menschliche Charaktere ver-

kindergarten heute - Das Fachmagazin

- Ist das marktführende Fachmagazin für Frühpädagogik
- Fundiertes Fachwissen und Methoden zu aktuellen Themen
- Sicherung und Weiterentwicklung der pädagogischen Qualität in Ihrer Einrichtung
- Anschauliche und authentische Praxisbeiträge aus dem Kita-Alltag

○ **Ja,** ich möchte Das Fachmagazin regelmäßig lesen. Ich erhalte 10 Ausgaben inkl. Digitalzugang im Jahr zum Preis von 68,50 E zzgl. 12,50 E Porto. (KGNPSP21)

○ Studierende erhalten den Vorzugspreis von 50,00 E zzgl. 12,50 E Porto. (KGVPSP21)

Kein Risiko! Das Abonnement ist jederzeit kündbar. Das Geld für nicht gelieferte Ausgaben wird Ihnen zurückerstattet.

Preise gültig bis 31.12.2022. Irrtum und Änderungen vorbehalten.

kindergarten heute - Das Leitungsheft

- **Wissen.** Fachwissen und Arbeitsmethoden für alle Leitungsaufgaben
- **Führen.** Stärkung Ihrer Position und Profilierung des Teams
- **Kooperieren.** Unterstützt Sie bei Prozessen und in Zusammenarbeit mit Eltern und Trägern

○ **Ja,** ich möchte Das Leitungsheft regelmäßig lesen. Ich erhalte 4 Ausgaben inkl. Digitalzugang im Jahr zum Preis von 46,80 E zzgl. 5,00 E Porto. (KLNPSP21)

○ **Ja,** ich bin AbonnentIn von Das Fachmagazin und möchte Das Leitungsheft zum Vorzugspreis von 38,00 E zzgl. 5,00 E Porto für 4 Ausgaben inkl. Digitalzugang abonnieren. (KLVPSP21)

Kein Risiko! Das Abonnement ist jederzeit kündbar. Das Geld für nicht gelieferte Ausgaben wird Ihnen zurückerstattet.

Preise gültig bis 31.12.2022. Irrtum und Änderungen vorbehalten.

kindergarten heute - Wenn Eltern Rat suchen

- Wissen für die professionelle Elternberatung
- Erziehungsfragen – auf 8 Seiten kompetent beantwortet
- Ratschläge und Impulse im praktischen Format
- Schritt für Schritt - gemeinsam Lösungen finden

○ **Ja,** ich möchte Wenn Eltern Rat suchen regelmäßig lesen. Ich erhalte 4 Ausgaben im Jahr zum Preis von 21,60 E zzgl. 3,80 E Porto. (KWNPSP)

○ **Ja,** ich bin AbonnentIn von Das Fachmagazin oder Das Leitungsheft und möchte Wenn Eltern Rat suchen zum Vorzugspreis von 19,80 E zzgl. 3,80 E Porto abonnieren. (KWVPSP)

Kein Risiko! Das Abonnement ist jederzeit kündbar. Das Geld für nicht gelieferte Ausgaben wird Ihnen zurückerstattet.

Preise gültig bis 31.12.2022. Irrtum und Änderungen vorbehalten.

Absender:

_____
Vor- und Zuname

_____
Straße

_____
PLZ/Ort

(Auszubildende: Ausbildung endet ca. 20____)

☐ Ich wünsche einen Bankeinzug

_____
Konto-Nr.   Bankleitzahl

_____
Bankinstitut

☐ Ich überweise nach Erhalt der Rechnung

_____
Datum   X Unterschrift

Bitte mit € 0,60 frankieren, falls Marke zur Hand.

Deutsche Post
ANTWORT

Verlag Herder
KundenServiceCenter

79080 Freiburg

Absender:

_____
Vor- und Zuname

_____
Straße

_____
PLZ/Ort

(Auszubildende: Ausbildung endet ca. 20____)

☐ Ich wünsche einen Bankeinzug

_____
Konto-Nr.   Bankleitzahl

_____
Bankinstitut

☐ Ich überweise nach Erhalt der Rechnung

_____
Datum   X Unterschrift

Bitte mit € 0,60 frankieren, falls Marke zur Hand.

Deutsche Post
ANTWORT

Verlag Herder
KundenServiceCenter

79080 Freiburg

Absender:

_____
Vor- und Zuname

_____
Straße

_____
PLZ/Ort

(Auszubildende: Ausbildung endet ca. 20____)

☐ Ich wünsche einen Bankeinzug

_____
Konto-Nr.   Bankleitzahl

_____
Bankinstitut

☐ Ich überweise nach Erhalt der Rechnung

_____
Datum   X Unterschrift

Bitte mit € 0,60 frankieren, falls Marke zur Hand.

Deutsche Post
ANTWORT

Verlag Herder
KundenServiceCenter

79080 Freiburg

kindergarten heute - wissen kompakt

– Themenheft zu fachwissenschaftlichen Inhalten

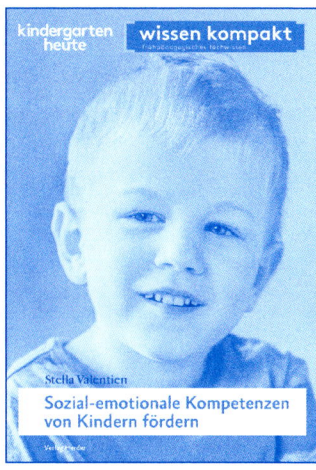

Ja, senden Sie mir bitte zum Preis von jeweils 15,00 € (D) (zzgl. Porto)

- ____ Ex. Sozial-emotionale Kompetenz von Kindern (P00 8714)
- ____ Ex. Traumapädagogik (P00 3293)
- ____ Ex. Schlüsselkompetenzen (P00 3384)
- ____ Ex. Hochbegabung (P00 3277)
- ____ Ex. Kinderängste (P00 7922)
- ____ Ex. Wie Kinder Denken (P00 7971)
- ____ Ex. Vom Säugling zum Schulkind (P00 7724)
- ____ Ex. Offene Arbeit in der Kita (P00 6973)
- ____ Ex. Pädagogische Handlungskonzepte (4001798)
- ____ Ex. Wahrnehmungsstörungen (P00 1800)
- ____ Ex. Interaktions- und Beziehungsgestaltung (4001772)
- ____ Ex. Auffälliges Verhalten (400 1749)
- ____ Ex. Vielfalt und Inklusion (400 1673)
- ____ Ex. Das Spiel des Kindes (400 1665)
- ____ Ex. Kindeswohlgefährdung (400 1533)
- ____ Ex. Sprachentw. u. -förderung (400 1384)
- ____ Ex. Entwicklungsförd. d. Bewegung (400 1178)
- ____ Ex. Feinfühligkeit im Umgang mit Kindern (400 1095)
- ____ Ex. Kinder unter 3 (400 1061)
- ____ Ex. Beobachten und dokumentieren (400 0923)

Ab 5 Exemplaren einer Ausgabe gelten unsere günstigen Mengenpreise.
Rufen Sie uns einfach an: 0761 / 2717 474.

Preise gültig bis 31.12.2022. Irrtum und Änderungen vorbehalten.

kindergarten heute - praxis kompakt

– Themenheft für den pädagogischen Alltag

Ja, senden Sie mir bitte zum Preis von jeweils 13,00 € (D) (zzgl. Porto)

- ____ Ex. Portfolioarbeit mit Kindern (P00 8730)
- ____ Ex. Rechtssicher handeln im Kita Alltag (P00 3483)
- ____ Ex. Kreativ im Kinder-Atelier (P00 8557)
- ____ Ex. PraktikantInnen anleiten (P00 7989)
- ____ Ex. Naturwissenschaften (P00 7898)
- ____ Ex. Eine Kita für alle (P00 7914)
- ____ Ex. Medienwerkstatt (P00 7948)
- ____ Ex. Mein Start in der Kita (P00 7757)
- ____ Ex. Wir kennen unsere Rechte! (P00 6999)
- ____ Ex. Schwierige Entwicklungsschritte (P00 6908)
- ____ Ex. Kinder bis drei J. in Krippe u. Kita (P00 6965)
- ____ Ex. Essen bildet! (P00 6957)
- ____ Ex. Partizipation in Kita und Krippe (400 6581)
- ____ Ex. Raumgestaltung in der Kita (400 6516)
- ____ Ex. Schulkindbetreuung in der Kita (400 5344)
- ____ Ex. Nachhaltige Entwicklung (400 4891)
- ____ Ex. Beschwerdeverfahren f. Kinder (400 5328)

Ab 5 Exemplaren einer Ausgabe gelten unsere günstigen Mengenpreise.
Rufen Sie uns einfach an: 0761 / 2717 474.

Preise gültig bis 31.12.2022. Irrtum und Änderungen vorbehalten.

kindergarten heute - leiten kompakt

– Themenheft zu Methoden und Organisation

Ja, senden Sie mir bitte zum Preis von jeweils 13,00 € (D) (zzgl. Porto)

- ____ Ex. Konzeption weiterentwickeln (P00 7856)
- ____ Ex. Mit Freude & Erfolg eine Kita leiten (P00 7740)
- ____ Ex. Rund ums Geld in der Kita (P00 7716)
- ____ Ex. Teamentwicklung (P00 6981)
- ____ Ex. Gesprächsführung (P00 3202)
- ____ Ex. Ein Familienzentrum leiten (400 2994)
- ____ Ex. Teamsitzungen vorbereiten (400 2986)
- ____ Ex. Sozialrecht für Kindertageseinrichtungen (400 2960)
- ____ Ex. Moderation/Teamarbeit (400 2879)
- ____ Ex. Beurteilungen & Zeugnisse (400 2861)
- ____ Ex. Veränderungsprozesse (400 2853)
- ____ Ex. Personalführung und -entwicklung (400 2465)

Ab 5 Exemplaren einer Ausgabe gelten unsere günstigen Mengenpreise.
Rufen Sie uns einfach an: 0761 / 2717 474.

Preise gültig bis 31.12.2022. Irrtum und Änderungen vorbehalten.

Meine Adresse:

_____
Vor- und Zuname

_____
Straße

_____
PLZ/Ort

_____
Telefon   E-Mail

_____
Datum   Unterschrift   KG-MBH2201

Infos unter: www.herder.de/kiga-heute/sonderhefte

| Bitte mit € 0,60 frankieren, falls Marke zur Hand. |

Deutsche Post
ANTWORT

**Verlag Herder
KundenServiceCenter**

79080 Freiburg

Meine Adresse:

_____
Vor- und Zuname

_____
Straße

_____
PLZ/Ort

_____
Telefon   E-Mail

_____
Datum   Unterschrift   KG-MBH2201

Infos unter: www.herder.de/kiga-heute/sonderhefte

| Bitte mit € 0,60 frankieren, falls Marke zur Hand. |

Deutsche Post
ANTWORT

**Verlag Herder
KundenServiceCenter**

79080 Freiburg

Meine Adresse:

_____
Vor- und Zuname

_____
Straße

_____
PLZ/Ort

_____
Telefon   E-Mail

_____
Datum   Unterschrift   KG-MBH2201

Infos unter: www.herder.de/kiga-heute/sonderhefte

| Bitte mit € 0,60 frankieren, falls Marke zur Hand. |

Deutsche Post
ANTWORT

**Verlag Herder
KundenServiceCenter**

79080 Freiburg

körpern, erkennen Kinder rasch, dass der Bär wegen der langen Wimpern eine Bärin ist und die Ente mit der Schleife auf dem Kopf weiblich sein soll. Der große Bär männlich, ebenso der Biber, der prima Staudämme baut. Bücher, die sich explizit an Leserinnen wenden und in denen es um Geschichten von schlanken, dem Schönheitsideal entsprechenden Prinzessinnen, um Kätzchen oder Einhörner geht, werden oftmals in Pastellfarben oder in Rosa gestaltet, während Bücher für Jungen mit unbesiegbaren, starken und stets mutigen Helden eher in dunklen Farben gehalten sind. Verlage wollen Geld verdienen und die Einseitigkeit der dargestellten Geschlechterrollen interessiert sie dabei wenig (vgl. https://projekte.sueddeutsche.de/artikel/kultur/gender-wie-gleichberechtigt-sind-kinderbuecher-e970817/).

Pädagogische Fachkräfte sollten die Bilderbücher, die sie den Kindern anbieten, hinsichtlich der dargestellten Geschlechterrollen unter die Lupe nehmen: Welche Rollenbilder verkörpern die Figuren im Buch? Können die Kinder dadurch ihr Geschlechterrollenverständnis erweitern oder werden lediglich Rollenklischees reproduziert? Welche Informationen bekommen die Kinder hinsichtlich Männlichkeit und Weiblichkeit? Wichtig ist auch, dass Kinder die Vielfalt der Geschlechter und Geschlechtsidentitäten kennenlernen, wie etwa das Wissen um Intergeschlechtlichkeit und Transgeschlechtlichkeit. Allen Kindern sollten Bilderbücher zur Verfügung stehen, in denen sie sich wiederfinden, sowie Protagonist*innen, mit denen sie sich wirklich identifizieren können.

Selbstverständlich gibt es auch pädagogisch wertvolle Bücher, in denen traditionelle Geschlechterrollen dargestellt werden. Diese sollten nicht aus dem Bestand verbannt werden. Schließlich wäre dann beispielsweise Pippi Langstrumpf, die ein starkes, autonomes weibliches Rollen(vor)bild darstellt, schon „raus", denn alle anderen Figuren (z. B. Tommi und Annika) verkörpern die traditionellen Geschlechterrollenbilder der damaligen Zeit. Beim gemeinsamen Betrachten der Bilderbücher oder beim Vorlesen sollten die Geschlechterklischees jedoch thematisiert werden. Es ist interessant für die Kinder, in alten (oder auch neueren) Wimmelbüchern zu zählen, wie viele Feuerwehrmänner auf dem Bild zu sehen sind und wie viele Feuerwehrfrauen. Wie ist das heutzutage? Können Frauen nicht bei der Feuerwehr arbeiten?

Reflexionsfragen zur Auswahl von Bilderbüchern

- Wie viele Männer/Jungen und Frauen/Mädchen tauchen im Buch auf?
- Wodurch werden Männer/Jungen und Frauen/Mädchen kenntlich gemacht?
- Was tun Männer/Jungen im Buch? Was tun Frauen/Mädchen im Buch?
- Welche Charaktereigenschaften und Fähigkeiten zeigen Männer/Jungen im Buch und welche Frauen/Mädchen?
- Was lernen die Kinder über weibliche und männliche Geschlechterrollen?
- Können die Kinder ihre Geschlechterrollenbilder erweitern oder werden lediglich Geschlechterklischees bestätigt und verstärkt?

(Vgl. Hubrig 2019, S. 80)

Bilderbuchtipp

Hense, N./Green, I. (2009): Ich hasse Rosa! Berlin: Verlagshaus Jacoby Stuart (Thema: geschlechterunabhängige Vorlieben).

Lindenbaum, P. (2006): Franziska und die Wölfe. Weinheim und Basel: Beltz & Gelberg (Thema: schüchternes Mädchen überwindet seine Ängstlichkeit).

Lindenbaum, P. (2008): Paul und die Puppen. Weinheim und Basel: Beltz & Gelberg (Thema: Junge spielt gerne mit Puppen).

Rosen, U. (2015): Jill ist anders. Lingen: Salmo (Thema: Intergeschlechtlichkeit).

Waltin, J./Allan McPherson, D. (2016): Teddy Tilly. Frankfurt a. M.: Sauerländer Fischer (Thema: Transgeschlechtlichkeit).

Literaturtipp

Fink, M. (2021): Wer wir sind – Gendersensibilität in der Kita: 40 Kita-Projektideen zu 5 Bilderbüchern. Weinheim: Beltz.

4. Bildungsangebote

Neben einer geschlechterbewussten Raumgestaltung und Auswahl der Spielmaterialien und Medien sollten auch die einzelnen Bildungsbereiche durch die „Genderbrille" betrachtet werden. Die Angebote sollten so gestaltet werden, dass Mädchen und Jungen in den Rollen und Fähigkeiten bestärkt werden, die sie im Laufe ihrer geschlechtsspezifischen Sozialisation nicht selbstverständlich lernen und üben. Letztendlich ist hiermit eine kompensatorische Erziehung gemeint. Es soll ausgeglichen werden, was den Mädchen und Jungen durch ihre weibliche bzw. männliche Sozialisation verwehrt oder zumindest erschwert wird. So sollen Jungen durch gezielte Angebote und Spielimpulse die Chance bekommen, Erfahrungen in den Bereichen Pflegen und Versorgen, kooperatives Verhalten, feinmotorische Aktivitäten, Sprachvermögen, positiver Umgang mit dem eigenen Körper, Entspannungsfähigkeit, Umgang mit Schwäche und Angst, hauswirtschaftliche Tätigkeiten zu machen. Mädchen sollen Erfahrungen in raumgreifenden Bewegungen, dem Konstruieren von Dingen, Selbstwirksamkeit und Selbstvertrauen, Durchsetzungsvermögen, räumlicher Wahrnehmung, Handwerk und Technik, darin, sich als stark und mutig zu erleben, sowie eine positive Auseinandersetzung mit Aggression ermöglicht werden (vgl. Hubrig 2016, S. 13).

Pädagogische Fachkräfte können ihre eigene geschlechtsspezifische Sozialisation nicht einfach abschütteln. So haben beispielsweise viele Erzieherinnen während ihrer Schulzeit das Interesse an männlich dominierten Bereichen wie Naturwissenschaften und Technik verloren und sind in dem Glauben, diese seien nichts für sie und sie hätten davon auch nur wenig Ahnung. Trotz professioneller Reflexion, in der ihnen dieses Phänomen bewusst wird, führen sie meist Angebote in Bildungsbereichen durch, die sie interessieren und in denen sie sich kompetent fühlen. So wird in den Kitas viel gemalt, gebastelt, vorgelesen und gesungen. Männlichen Fachkräften geht es ähnlich, nur mit anderen Bildungsbereichen. In der Ausbildung lernen sie jedoch die Vermittlung von Liedern oder den Aufbau eines Angebots in ästhetischer Erziehung. Sie fühlen sich in traditionell männlichen Bereichen aber auch sicher und haben keine Hemmschwelle, mit Kindern actionbetont zu spielen, ein Fußballangebot zu machen oder gemeinsam mit Kindern den Bollerwagen zu reparieren.

Für die eigene Entfaltung ist insbesondere den weiblichen Fachkräften zu empfehlen, sich die Bildungsbereiche zu erschließen, die ihnen ihre geschlechtsspezifische Sozialisation bisher verwehrt hat bzw. zu denen sie aufgrund dessen keinen selbstverständlichen Zugang gefunden haben. Es kann sehr spannend sein, sich gemeinsam mit den Kindern an technische Fragen heranzuwagen, gemeinsam zu forschen und Antworten und Lösungen zu finden. Pädagogische Fachkräfte können sich gezielt aus ihrer sozialisationsbedingten Komfortzone herausbewegen. So kann sich Peter mit kreativem Tanz beschäftigen und Birgit lernen, die Kita-Fahrzeuge zu reparieren. Im Hinblick auf die Entwicklung einer flexiblen

Geschlechtsidentität sind diese Rollenmodelle für die Kinder sehr hilfreich. Wenn Peter das Tanzprojekt startet, werden sich möglicherweise auch Jungen fragen, ob sie nicht mitmachen wollen, während sie beim Tanzprojekt von Birgit nicht lange darüber nachdenken mussten, dass dieser „Mädchenkram" nichts für sie ist.

Bildungsbereich Bewegung

So wie in anderen Bereichen werden Mädchen und Jungen auch hinsichtlich ihres Bewegungsverhaltens von pädagogischen Fachkräften unterschiedlich wahrgenommen und behandelt. Bereits im Vorschulalter zeigen sich Sozialisationseffekte und die verinnerlichten Erwartungen an die Geschlechterrolle im Verhalten der Kinder. So fallen viele Jungen beispielsweise durch das gegenseitige Messen körperlicher Kraft, Herumrennen und Lautsein auf. Viele Fachkräfte sind der Meinung, dies sei angeboren, und versuchen die Jungen durch bewegungsintensive Angebote zu unterstützen. Der Bewegungsdrang und die motorischen Fähigkeiten von Jungen und Mädchen unterscheiden sich jedoch grundsätzlich nicht. Alle Kita-Kinder haben einen angeborenen Bewegungsdrang und sind unabhängig von ihrem Geschlecht gleichermaßen motorisch belastbar (vgl. Herm 2007, S. 53).

Im Gegensatz zu Jungen werden Mädchen oftmals nicht zu actionbetontem, bewegungsintensivem oder kämpferischem Verhalten animiert. Sie werden weniger angefeuert, schneller zu laufen oder höher zu klettern. Eine Untersuchung ergab, dass Mütter ihren Töchtern körperlich motorisch oftmals weniger zutrauen als ihren Söhnen, obwohl es keinen objektiven Grund dafür gibt (vgl. Gottschalk 2013, S. 90). Mädchen bewegen sich tendenziell entsprechend den Erwartungen, die an die weibliche Geschlechterrolle geknüpft sind – also wenig raumgreifend, kooperativ in sozialen Kontexten und gerne tänzerisch (vgl. Hunger/Zimmer 2012). Es ist kein Wunder, dass sich viele Mädchen motorisch unterschätzen und sich ihrer körperlichen Möglichkeiten nicht in Gänze bewusst sind.

Eine geschlechterbewusste Bewegungserziehung in der Kita bedeutet, Jungen und Mädchen Bewegungsangebote und -impulse zu bieten, die es ihnen ermöglichen, ihre körperlichen Möglichkeiten, motorischen Fähigkeiten sowie auch Grenzen zu erleben. Pädagogische Fachkräfte sollten genau beobachten, welche Erfahrungen Mädchen und Jungen durch ihre bisherige geschlechtsspezifische Sozialisation nicht ermöglicht wurden, und entsprechende kompensatorische Angebote machen. Zudem kann es sinnvoll sein, zeitweise geschlechtergetrennte Bewegungsangebote zu machen. Möglicherweise entsteht dadurch eine andere Gruppendynamik, in der sich Jungen und Mädchen weniger geschlechterstereotyp verhalten und sich auf unbekannte Bewegungsweisen einlassen können.

> ### Reflexionsfragen zu den Bewegungsmöglichkeiten in der Kita
>
> - Wo und wann können sich die Kinder im Kita-Alltag großmotorisch bewegen?
> - Befinden sich die Bewegungsplätze außerhalb des Gruppenraums? Falls ja, können sie zumindest zeitweise integriert werden (z. B. wird aus der Bauecke zeitweise eine Springecke, indem eine weiche Matte dorthin gelegt wird)?
> - Gibt es Bewegungsplätze (z. B. Fußballbereich oder Turnhalle), die vor allem von Jungen oder von Mädchen besetzt werden?
> - Falls ja, wie kann dem entgegengewirkt werden (z. B. Mädchenzeiten auf dem Fußballplatz oder gezieltes Tanzangebot nur für Jungen in der Turnhalle)?

Praxisimpulse

Ich ziehe dich in den Kreis!

Ein Angebot für Mädchen, die ihre Kräfte spüren und messen möchten.

Alter: ab 4 Jahren
Material: Seil
Vorbereitung: Das Seil wird als Kreis auf den Boden gelegt.
Ablauf: Zwei Kinder stehen sich gegenüber und reichen einander eine Hand. Zwischen ihnen liegt der Seilkreis. Auf Kommando versucht ein Kind, das andere in den Kreis zu ziehen. Hat es ein Kind geschafft, ist das Spiel vorbei, und die Kinder stellen sich wieder für die nächste Runde auf.

Auf der Wackelmatte

Ein Angebot für Jungen, die ihre Körperspannung wahrnehmen, gezielt einsetzen sowie die Möglichkeiten und Grenzen ihres Gleichgewichtssinns kennenlernen möchten.

Alter: ab 3 Jahren
Material: Weichbodenmatte, Medizinbälle

Vorbereitung: Die Medizinbälle werden unter die Weichbodenmatte gelegt.
Ablauf: Die Kinder versammeln sich um die Matte. Ein Kind stellt sich in die Mitte der Matte. Nun bewegen die außen stehenden Kinder die Matte durch leichtes Schieben und Ziehen. Das Kind auf der Matte muss den Körper ausbalancieren, um stehen bleiben zu können. Ist das kein Problem, darf um den nächststärkeren Gang gebeten werden. Die Kinder ziehen und schieben die Matte in größeren Bewegungen vor und zurück sowie nach rechts und links. Möglich ist auch, dass das Kind versucht, auf einem Bein zu stehen, die Augen zu schließen oder die Hände vor dem Körper zu verschränken. Nach ca. 5 Minuten darf ein anderes Kind in die Mitte der Matte und das Spiel beginnt von vorne.

Reflexionsfragen zum geschlechterbewussten Einsatz von Liedern

- Welche Lieder singen wir regelmäßig?
- Welche Lieder werden zu bestimmten Anlässen gesungen (z. B. zu Weihnachten oder zum Geburtstag)?
- Welche Informationen über männliche und weibliche Geschlechterrollen werden den Kindern vermittelt?
- Welche Lieder sollten wegen stereotyper Geschlechterdarstellungen gestrichen und ersetzt werden?
- Welche Lieder können schnell umgeschrieben werden (z. B. kann beim Lied „Wer will fleißige Handwerker sehen?" jedes zweite Mal die weibliche Form „Wer will fleißige Handwerkerinnen sehen?" gesungen werden)?

Bildungsbereich Musik

In jeder Kita werden Lieder gesungen und Kreis- und Singspiele durchgeführt. Viele traditionelle Singspiele enthalten Geschlechterklischees, wie zum Beispiel „Dornröschen war ein schönes Kind ..." oder „Wer will fleißige Handwerker sehen?" oder „Die Waschfrauen". Wie in Geschichten und Bilderbüchern sollten auch diese Texte kritisch durch die „Genderbrille" betrachtet werden. Da die Spiele den Kindern viel Freude machen und ihren pädagogischen Wert haben, können sich pädagogische Fachkräfte die Mühe machen, geschlechtergerechte Texte zu formulieren. Möglich ist auch, dass sie mit den Kindern die Liedtexte besprechen und auf die Geschlechterrollen aus alten Zeiten hinweisen. Wie war das damals mit den Waschfrauen? Gab es auch Waschmänner?

Bildungsbereich kreatives Gestalten

Im Kita-Alltag sind häufig überwiegend Mädchen am Maltisch zu sehen. Sie malen frei oder Vorlagen aus, schneiden und kleben. Jungen zieht es seltener in diesen weiblich konnotierten Bereich – möglicherweise, um sich von den Mädchen abzugrenzen. Da Mädchen demnach viel mehr mit Stiften, Kleber und Schere hantieren und ihre Feinmotorik dadurch trainierter ist, brauchen Jungen gezielte Angebote in diesem Bereich, um später in der Schule nicht im Nachteil zu sein (z. B. beim Schreibenlernen).

Praxisimpulse

Wir kneten Superhelden
Ein feinmotorisches Angebot für Jungen, bei dem sie Superhelden kneten.

Alter: ab 5 Jahren
Material: Knete, stumpfe Messer, Zahnstocher, Schere, Stoff, Wolle
Vorbereitung: –
Ablauf: Die Kinder haben die Aufgabe, einen Superhelden zu kneten. Was kann der Superheld? Wenn er hoch springen kann, sollte er kräftige Beine haben. Wenn er fliegen können soll, kann ein Umhang aus Stoff gestaltet werden. Vielleicht hat der Superheld auch Stacheln, mit denen er Feinde fernhalten kann? Hierfür können gekürzte Zahnstocher zum Einsatz kommen. Abschließend stellen die Kinder ihre Superhelden vor. Natürlich kann auch vorsichtig mit ihnen gespielt werden. Da sie leicht beschädigt werden können, sollte die Fachkraft ein Foto von jedem Helden machen.

Wir gestalten ein Nagelbild
Ein Angebot für Mädchen, bei dem sie ein Bild aus Nägeln gestalten.

Alter: ab 4 Jahren
Material: Brettchen aus Nadelholz, Nägel, Hammer, Wolle in verschiedenen Farben
Vorbereitung: –
Ablauf: Jedes Kind bekommt ein Brettchen und schlägt mindestens fünf Nägel mit Abstand zueinander in das Brett. Die Nägel sollen fest sitzen, aber nicht ganz bis zum Anschlag ins Brett geschlagen werden. Nun wickelt das Kind einen Wollfaden straff von einem Nagel zum anderen, sodass ein interessantes Muster und Bild entsteht. Es können beliebig viele Nägel genutzt und auch mehrere Wollfäden verwendet werden.

Bildungsbereich Natur, Umwelt, Technik
Alle Kinder haben einen angeborenen Forschungsdrang und erkunden neugierig ihre Umwelt: Woher kommt der Schatten? Landen schwere Dinge schneller auf dem Boden als leichte, wenn ich sie herunterwerfe? Wo schlafen die Marienkäfer, wenn sie müde vom Krabbeln sind? Wohin wird das Pipi gespült, wenn ich die Toilettenspülung betätige? Auch wenn Erwachsene nicht immer sofort eine Antwort auf die Fragen der Kinder haben, so sind sie doch in der Lage, sich mithilfe von Büchern, dem Internet oder Fachleuten auf die Suche nach Antworten zu machen. Als Lernbegleiter*innen können pädagogische Fachkräfte die Kinder beim Forschen unterstützen und gemeinsam mit ihnen die Antworten herausfinden.

Mittlerweile gibt es spezielle Angebote aus dem Bereich „Natur, Umwelt und Technik", die sich an Kita-Kinder und pädagogische Fachkräfte richten. Bekannt sind beispielsweise das Haus der kleinen Forscher oder die Umweltorganisation NABU. Pädagogische Fachkräfte können sich bei Bedarf Unterstützung bei den entsprechenden Institutionen holen. Letztendlich müssen sie lediglich Interesse entwickeln und (wieder) neugierig auf die Welt und wie diese funktioniert werden. Dann können sie sich gemeinsam mit den Kindern auf einen Weg des Forschens begeben.

Reflexionsfragen zum kreativen Gestalten von Mädchen und Jungen

- Welche Kinder malen regelmäßig und gerne?
- Sind es mehr Jungen oder mehr Mädchen?
- Was gestalten die Kinder genau (z. B. Medienheld*innen, Dinosaurier, Familien, Blumen, Ausmalbilder ...)?
- Welche Kinder malen gar nicht oder selten? Woran liegt das?
- Wie könnte das Mal- und Gestaltungsangebot organisiert werden, sodass Jungen wie Mädchen gleichermaßen daran teilnehmen möchten?

Praxistipp
Werken für alle
Der Werkraum befindet sich in der Regel außerhalb des Gruppenraums und ist meist nur im Beisein einer pädagogischen Fachkraft zugänglich. Das hängt sicher auch mit der Unfallgefahr zusammen, die von einigen Werkzeugen ausgeht. Ein eingeschränktes Materialangebot in einer Werkecke mit einer kindgerechten Einführung wäre jedoch auch im Gruppenraum umsetzbar. Hier könnten nicht nur Jungen feinmotorisch aktiv werden, sondern auch Mädchen hätten die Chance, sich kreativ in dem männlich konnotierten Bereich zu erproben. Für den Werkraum in der Offenen Kita könnten – falls Mädchen ihn deutlich seltener nutzen als Jungen – feste Zeiten nur für Mädchen eingerichtet werden.

Literaturtipp
Hubrig, S. (2016): Spiele für Jungs. Spiele für Mädchen. Praxisangebote für die bewusste Mädchen- und Jungenförderung in der Kita. 2. Auflage, Münster: Ökotopia.

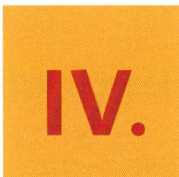

IV. Alltagsbeobachtungen als Ausgangspunkt für Bildungsangebote

Im Kita-Alltag können pädagogische Fachkräfte Meinungen und Aussagen der Kinder wahrnehmen und Verhaltensweisen beobachten. Diese geben Aufschluss über das Wissen und die Gedanken der Kinder. Viele Statements von Jungen und Mädchen sollten bewusst aufgegriffen werden. Insbesondere in Bezug auf Geschlechterrollen bringen Kinder oft einseitige Vorstellungen zum Ausdruck, die als Ausgangspunkt für Gespräche, Diskussionen und Bildungsangebote genutzt werden können. Im Folgenden werden einige Beispiele dargestellt.

1. „Du hast keine Familie, weil du hast ja nur zwei Mütter und keinen Vater!"

Situation

Kaspar lebt mit seinen beiden Müttern zusammen. Die eine nennt er „Mama" und die andere „Mami". Im Morgenkreis berichtet er, dass er mit seiner Familie in den Ferien am Meer war. Jacob sagt zu ihm: „Du hast keine Familie, weil du hast ja nur zwei Mütter und keinen Vater."

Diese Situation sollte als Anlass zur Auseinandersetzung damit genommen werden, dass es viele lesbische und schwule (Ehe-)Paare – und generell vielfältige Familienformen – gibt. Dazu bieten sich beispielsweise die folgenden Aktivitäten an.

Natürlich sind wir eine Familie!

Praxisimpulse

Bilderbuchbetrachtung:
„Zwei Papas für Tango"

Zum Inhalt des Buches: Diese Geschichte ist besonders faszinierend, weil sie wahr ist. Die zwei Pinguin-Männchen Roy und Silo wohnen in einem Zoo in New York. Sie haben gemeinsam ein Ei ausgebrütet, was von einem anderen Pinguin verstoßen wurde. Ein Pinguinbaby kommt zur Welt und die Eltern Roy und Silo freuen sich. Erst waren die Tierpfleger skeptisch, aber Tango wurde ein fröhliches Pinguinkind mit seinen beiden Papas.

Alter: ab 3 Jahren
Material: Bilderbuch von Schreiber-Wicke, E./Holland, C. (2006): Zwei Papas für Tango. Stuttgart: Thienemann
Vorbereitung: Stuhlkreis
Ablauf: Die pädagogische Fachkraft liest den Kindern das Bilderbuch vor und regt anschließend zum Austausch an.
Impulsfragen zur Geschichte:
- Was braucht ein Baby, wenn es zur Welt kommt (Nahrung, Liebe, Wärme, Ansprache …)?
- Wer kann diese Bedürfnisse erfüllen (Eltern, andere Menschen)?
- Wie können Familien demnach aussehen (das Geschlecht der Eltern ist nicht wichtig, sondern die Liebe zum Kind und dass sie sich gut um es kümmern)?
- Im Tierreich kommt es oft vor, dass zwei Männer oder zwei Frauen ein Liebespaar sind, genauso wie bei uns Menschen.

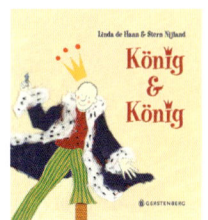

Bilderbuchbetrachtung:
„König & König"

Zum Inhalt des Buches: Die Königin in diesem Märchen möchte sich zur Ruhe setzen. Nun muss der Sohn heiraten, damit er König wird und die Königin sich zurückziehen kann. Der Sohn hat jedoch überhaupt kein Interesse am Heiraten. Deshalb wird die Königin aktiv und lädt interessierte Prinzessinnen ein, die sich dem Prinzen vorstellen. Letztendlich verliebt er sich in keine von ihnen, aber in den Bruder einer Prinzessin. Sie heiraten und leben glücklich zusammen.

Alter: ab 3 Jahren
Material: Bilderbuch von de Haan, L./Nijland, S. (2014): König & König. Hildesheim: Gerstenberg
Vorbereitung: Stuhlkreis

Ablauf: Die pädagogische Fachkraft liest das Buch vor und regt zum Austausch an.

Impulsfragen zur Geschichte:
- Kann man sich auf Kommando verlieben? Kann man sich vornehmen, sich in eine bestimmte Person zu verlieben?
- Was ist Verliebtsein für ein Gefühl? Was wisst ihr darüber?
- Wie kann die Geschichte weitergehen? Wie würden die beiden leben, wenn sie ein Kind bekommen würden?

Bilderbuchbetrachtung: „Zwei Mamas für Oscar"

Zum Inhalt des Buches: Tilly fragt sich, wie es sein kann, dass Oscar zwei Mütter hat. Ihre Schwester erklärt Tilly, wie zwei Frauen mittels einer Samenspende ein Kind bekommen können.

Alter: ab 5 Jahren
Material: Bilderbuch von Scheerer, S./von Sperber, A. (2018): Zwei Mamas für Oscar. Wie aus einem Wunsch ein Wunder wird. Hamburg: Ellermann
Vorbereitung: Stuhlkreis
Ablauf: Die pädagogische Fachkraft liest das Buch vor und regt zum Austausch an.

Impulsfragen zur Geschichte:
- Wie sollen Eltern sein? Was müssen sie können?
- Ist es dabei wichtig, ob es Männer oder Frauen sind?
- Wie können Eltern Kinder kriegen (selbst zeugen, Pflegekinder, Adoptivkinder, Samenspende ...)?

Gestaltungsaktivität:
Wir präsentieren unsere Familien

Alter: ab 3 Jahren
Anzahl der Kinder: 4
Material: DIN-A3-Papier, mitgebrachte Fotos der Kinder, Scheren, Klebstoff, Stifte
Vorbereitung: Die Eltern der Kinder werden gebeten, von jedem Familienmitglied ein Foto zu machen und es dem Kind mitzugeben. Auf den Fotos müssen nicht (nur) die leiblichen Eltern oder Geschwister zu sehen sein. Das Kind bestimmt, wer zu seiner Familie gehört. Das kann beispielsweise auch die Oma sein und die Katze.
Ablauf: Jedes Kind bekommt ein Blatt Papier, eine Schere, Klebstoff und Stifte. Es malt ein Haus oder eine Wohnung. Nun klebt es die Fotos der Familienmitglieder in oder neben das Haus bzw. die Wohnung. Möglicherweise muss dafür ein Mensch aus dem Foto ausgeschnitten werden. Es geht nicht um „Richtig" oder „Falsch", sondern um eine Anordnung, die das Kind als stimmig empfindet. Abschließend stellt jedes Kind sein Bild den anderen Kindern vor. Alle Bilder werden an eine Wand gehängt. Die Fachkraft trägt mit den Kindern Gemeinsamkeiten und Unterschiede der Familienkonstellationen zusammen (vgl. Hubrig 2019, S. 51).

Weiterführende Idee: In manchen Kitas ist überwiegend die traditionelle Familienform „Vater-Mutter-Kind/er" vertreten. In anderen Kitas gibt es viele Kinder, die mit einem Elternteil aufwachsen oder in einer Patchworkfamilie leben. Es kann ein spannendes Unterfangen sein, die Ergebnisse der oben beschriebenen Aktivität zu fotografieren und sie einem anderen Kindergarten in einem anderen Stadtteil oder einer anderen Stadt zu schicken. Diese wiederum senden ihre Ergebnisse auch zurück. Möglicherweise kann so ein vielfältigeres Bild von Familienformen entstehen.

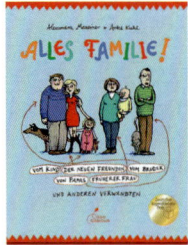

Bilderbuchtipp zu vielfältigen Familienformen

Maxeiner, A./Kuhl, A. (2010): Alles Familie. Vom Kind der neuen Freundin vom Bruder von Papas früherer Frau und anderen Verwandten. Leipzig: Klett Kinderbuch.

Hoffmann, M./Asquith, R. (2010): Du gehörst dazu: Das große Buch der Familien. Frankfurt a. M.: Fischer.

2. „Rosa ist eine Mädchenfarbe"

Situation

Vier Kinder sitzen am Tisch und malen. Ali sagt zu Linda: „Gib mir mal die Rosa." Linda weigert sich und antwortet: „Das ist eine Mädchenfarbe. Die kriegst du nicht."

Diese Situation sollte als Anlass zur Auseinandersetzung damit genommen werden, dass Farbe kein Geschlecht hat. Schon Kita-Kindern kann kindgerecht vermittelt werden, dass die Farbzuordnung zu einem Geschlecht nicht angeboren, sondern gesellschaftlich konstruiert und veränderbar ist. Interessant ist dabei insbesondere die Tatsache, dass Rosa früher als Jungenfarbe galt.

„... aber nur weil die Industrie sie dazu gemacht hat!"

Praxisimpulse

Bildbetrachtung: Geschlechtsspezifische Kleidung

Alter: ab 3 Jahren
Anzahl der Kinder: ab 3
Material: Bilder (aus Büchern herauskopiert oder kostenfreie Seiten aus dem Internet) mit folgenden Motiven:
- Junge im weißen Taufkleid
- König und Prinz, die rosa und rote Kleidung tragen
- Jungfrau Maria, die ein blaues Gewand trägt
- Bilder von rosa Männerhemden (z. B. aus einem Werbeprospekt)
- Mann im Schottenrock

Vorbereitung: Stuhlkreis
Ablauf: Die pädagogische Fachkraft lässt die Bilder zur Ansicht im Kreis herumreichen. Anschließend werden sie auf den Boden gelegt. Sie fragt die Kinder, ob ihnen etwas an den Farben und Kleidern, die die Menschen auf den Bildern tragen, auffällt. Da es Bilder mit ungewöhnlichen Figuren und Kleidungen sind, wird den Kindern wahrscheinlich eine ganze Menge auffallen, was sie vorher so noch nicht gesehen haben. Falls sie nicht auf die für die Sehgewohnheiten der meisten Kinder ungewöhnliche „Jungenfarbe Rot/Rosa" und „Mädchenfarbe Blau" kommen, weist die Fachkraft sie darauf hin. Insbesondere bei jüngeren Kindern kann es passieren, dass sie die Figuren auf dem Bild mit rosa oder roter Kleidung als Mädchen einordnen und die in Blau als Junge. Hier ist Aufklärung erforderlich.

Erklärungen und Gesprächsimpulse zu den Bildern:
- Junge im Taufkleid: Früher trugen auch Jungen Kleider. Was spricht denn auch dagegen?
- Jungfrau Maria: Mädchen bekamen früher blaue Kleidung, weil Blau die Farbe der Jungfrau Maria war.
- König, der rote Kleidung trägt: Rot trugen damals reiche und mächtige Menschen.
- Königskinder, die rosa Kleidung tragen: Rosa war das „kleine Rot".
- Rosa Männerhemden: Heutzutage mögen viele erwachsene Männer die Farbe Rosa und kaufen sich rosa Hemden.
- Mann im Schottenrock: In Schottland tragen viele Männer schon seit Ewigkeiten Röcke mit einem bestimmten Muster. Diese Röcke heißen „Schottenröcke".

Die pädagogische Fachkraft erläutert, dass das, was als „für Mädchen" oder „für Jungen" gilt, von Menschen ausgedacht ist. Heutzutage wollen die Spielzeugmacher*innen und die Kleidungshersteller*innen, dass Mädchen rosa und pinke Sachen kaufen und die Jungen blaue und graue – dadurch können sie nämlich mehr Produkte verkaufen. In Wirklichkeit ist das Quatsch. Farben und Farbvorlieben haben nichts damit zu tun, ob man ein Junge oder ein Mädchen ist. Jede und jeder findet andere Farben gut.

Interview zum Thema Lieblingsfarbe

Alter: ab 5 Jahren
Anzahl der Kinder: 2–4 pro Team
Material: 2 Packungen Filzstifte, 2 weiße Papiere, 2 Klemmbretter
Vorbereitung: –
Ablauf: Die Kinder sind Reporter*innen. Sie wollen mittels einer Umfrage herausfinden, ob Jungen und Männer tatsächlich Blau als Lieblingsfarbe haben und Frauen Rosa und Pink. Dafür bilden sich zwei Teams. Jedes Team bekommt eine Packung Filzstifte und ein weißes Papier, welches auf dem Klemmbrett fixiert ist. Die Kinder gehen durch die Kita oder in Begleitung eines Erwachsenen auch auf einen belebten Platz außerhalb der Kita. Ein Team ist für Mädchen und Frauen zuständig, das andere befragt Jungen und Männer. Die Kinder zeigen ihre Stiftepackung und bitten die/den Befragte*n, sich eine Farbe zu nehmen, die er/sie besonders schön findet. Ist die Entscheidung gefallen, malt der/die Interviewte einen Strich in der gewählten Farbe auf das Papier. Am Ende zählen die Teams mithilfe der Fachkraft das Ergebnis aus und halten es fest. Wie viele Jungen und Männer hatten tatsächlich Blau als bevorzugte Farbe und wie viele Mädchen und Frauen Rosa? Was sagt das Ergebnis aus?

Bilderbuchbetrachtung: „Prinzessin Horst"

Alter: ab 5 Jahren
Anzahl der Kinder: ab 1
Material: Bilderbuch von Wenniges, O. (2007): Prinzessin Horst. Hamburg: Carlsen
Vorbereitung: –
Ablauf: Die pädagogische Fachkraft liest den Kindern das Buch vor. Darin wird sehr humorvoll dargestellt, wie Trends „für Jungen" und „für Mädchen" gemacht werden – und wie sich alle Menschen danach richten. Anschließend kommt sie mit den Kindern über das Buch ins Gespräch.

Bilderbuchtipp zum Thema Vielfalt der männlichen Geschlechterrolle

Brichzin, K./Kuprin, I. (2021): Der Junge im Rock. Zürich: Minedition.

Love, J. (2020): Julian ist eine Meerjungfrau. München: Knesebeck.

Stuart, S. (2021): Mein Schatten ist pink! Münster: Coppenrath.

Impulsfragen:
- Wie würdet ihr es finden, wenn ab morgen Jungennamen für Mädchen „in" wären und Mädchennamen für Jungen?
- Wie würdet ihr dann gerne heißen?
- Erinnert ihr euch an die Bilder zu Mädchen- und Jungenfarben? Früher war es ganz normal, wenn Jungen Kleider trugen. Wie würdet ihr das heute finden? Müsstet ihr jahrelang darüber kichern oder euch wundern? Oder hättet ihr euch nach einiger Zeit daran gewöhnt?
- Wie wäre es, wenn Mädchen kein Rosa mehr mögen sollten, sondern nur noch Grau toll finden müssten. Wie würde es euch damit gehen? Könntet ihr euch daran gewöhnen und mitmachen?
- Ist es gerecht, dass es Farben, Spielzeuge und Namen gibt, die „für Mädchen" und „für Jungen" sind?
- Warum gibt es diese Aufteilung überhaupt? Wer hat sich das wohl ausgedacht?

Es geht darum, die Kinder zum Nachdenken anzuregen und über Vielfalt ins Gespräch zu kommen. Der Fokus sollte darauf liegen, dass Jungen und Mädchen immer auf etwas verzichten müssen, wenn sie glauben, es gäbe eine bestimmte Farbe oder ein bestimmtes Spielzeug nur für ein Geschlecht.

Bewegungsspiel: Prinzessin Horst lässt grüßen!

Alter: ab 3 Jahren
Anzahl der Kinder: ab 3
Material: Krone
Vorbereitung: Stuhlkreis
Ablauf: Die Kinder sitzen im Kreis. Ein Kind bekommt die Krone und ist damit Prinzessin Horst. Prinzessin Horst darf sich einen neuen Trend ausdenken (wahlweise für Jungen oder für Mädchen) und alle Jungen/Mädchen müssen ihn umsetzen.
Beispiele:
- Alle Jungen dürfen ab sofort nur noch auf Zehenspitzen laufen.
- Alle Mädchen müssen ab sofort verkehrt herum auf dem Stuhl sitzen.
- Alle Jungen dürfen ab sofort nicht mehr ihre Hände zeigen.
- Alle Mädchen dürfen sich ab sofort nur noch hüpfend durch die Gegend bewegen.
- …

Nach einer kurzen Zeit gibt Prinzessin Horst ein Zeichen und alle Kinder nehmen wieder Platz. Prinzessin Horst gibt die Krone weiter und die nächste Runde beginnt. Was für ein komischer Trend wird es sein?

3. „Frauen können nicht bei der Feuerwehr arbeiten!"

Situation

Gülzün, Kalle und Petro schauen sich gemeinsam ein Wimmelbuch an. Auf einem Bild brennt ein Haus. Die Feuerwehrmänner halten den Schlauch und löschen den Brand mit Wasser. Ein Feuerwehrmann trägt ein Kind aus dem brennenden Haus. Vier Feuerwehrmänner halten ein Sprungtuch bereit. Eine Frau soll aus dem Fenster in das Tuch springen. Gülzün sagt: „So was will ich später auch mal machen. Bei der Feuerwehr arbeiten und die Menschen retten." Petro antwortet: „Das kannst du gar nicht. Frauen dürfen nicht bei der Feuerwehr arbeiten!"

Diese Situation sollte zum Anlass genommen werden, Kindern bewusst zu machen, dass beide Geschlechter jeden Beruf wählen und ausüben können. Die Kinder sollten gleichgeschlechtliche Vorbilder und Identifikationsmöglichkeiten (auch) für geschlechteruntypische Berufe bekommen.

„Ich liebe meinen Job als Feuerwehrfrau."

Praxisimpulse

Darstellendes Spiel:
Berufe raten

Alter: ab 4 Jahren
Anzahl der Kinder: ab 5
Material: Verkleidungsutensilien und Requisiten, mit denen bestimmte Berufe dargestellt werden können
Beispiele für Berufe und Requisiten:
- Feuerwehrmann/Feuerwehrfrau mit Feuerwehrhelm und Seil (als Schlauch)
- Frisör/Frisörin mit Bürste und Föhn
- Polizist/Polizistin mit Kappe und Strafzettelblock mit Stift
- Tierarzt/Tierärztin mit Kittel (weißes Erwachsenenhemd) und Kuscheltier
- Krankenpfleger/Krankenschwester mit Spritze und Tablett
- Koch/Köchin mit Suppenkelle und Geschirrhandtuch
- Gärtner/Gärtnerin mit kleiner Schaufel und kleiner Pflanze
- Tierpfleger/Tierpflegerin mit zwei Kuscheltieren und Fressnapf (Schüssel)
- Clown/Clownin mit Perücke und Fliege
- Maurer/Maurerin mit Eimer und Kelle

Vorbereitung: Die Materialien werden verdeckt (z. B. hinter einer Stellwand oder einem auf die Seite gekippten Tisch) bereitgelegt
Ablauf: Die Kinder sitzen in einer oder zwei Reihen auf dem Boden. Zwei Kinder dürfen beginnen und kommen nach vorne. Die pädagogische Fachkraft flüstert den Kindern einen Beruf zu. Daraufhin suchen sie sich – ohne dass die anderen Kinder dies sehen – einen passenden Gegenstand aus dem Fundus. Dann spielen sie den Beruf vor. Anders als bei reiner Pantomime dürfen sie auch die verbale Sprache dazu verwenden. Hat ein Kind den Beruf erraten, stellt die pädagogische Fachkraft folgende Fragen:
- „Was muss man für diesen Beruf können?" Die Kinder tragen ihre Ideen zusammen, wie z. B. bei Tierpfleger/Tierpflegerin: keine Angst vor Tieren haben, gut mit Tieren umgehen können, sich mit Tieren gut auskennen.
- „Können das nur Männer oder nur Frauen lernen?" Hier lässt sich nach genauer Betrachtung und Nachfrage jedes „Ja" zu einem „Nein" machen. Beispielsweise: „Ja, keine Angst vor Tieren haben nur Männer." – „Wirklich?" Schnell werden andere Antworten kommen, wie z. B. „Meine Mama hat gar keine Angst vor Tieren. Wir haben drei Hunde und sie macht immer die Spinnen weg, weil mein Bruder Angst vor ihnen hat."
- Dann bleibt nur noch festzuhalten: „Der Beruf ist für Männer und für Frauen."

Praxistipp

In vielen Bilderbüchern finden sich insbesondere in Bezug auf Berufe viele geschlechterstereotype Darstellungen, wie zum Beispiel der Polizist, die Verkäuferin, die Krankenschwester und der LKW-Fahrer. Pädagogische Fachkräfte sollten ihr Bilderbuchangebot auf diese Geschlechterstereotype hin durchsehen und den Bestand mit Bilderbüchern ergänzen, die alternative Geschlechterrollen zeigen. Ist das nicht so schnell möglich, sollten sie die geschlechterstereotypen Darstellungen mit den Kindern besprechen. „Wieso gibt es hier nur Feuerwehrmänner zu sehen? Seltsam. Haben die Feuerwehrfrauen alle Urlaub?"

Expert*innenbefragung:
Wir laden ein!

Alter: ab 3 Jahren
Anzahl der Kinder: ganze Gruppe
Material: –
Vorbereitung: Die pädagogische Fachkraft überlegt, ob sie Menschen kennt, die geschlechteruntypische Berufe haben. Vielleicht sind auch Eltern dabei. Sie spricht diese an und vereinbart ein Treffen.
Ablauf:
- Das Treffen kann in der Kita stattfinden. Die Kinder sitzen mit dem Gast im Kreis und dürfen Fragen zu seiner oder ihrer Tätigkeit stellen (z. B. kommt eine Bauleiterin in die Kita und berichtet von ihrem Arbeitsalltag).
- Das Treffen kann auch am jeweiligen Arbeitsplatz stattfinden (z. B. öffnet ein Frisör seinen Salon für die Kinder und zeigt die Arbeitsmaterialien).
- Möglich ist auch ein digitales Treffen per Zoom. Die Kinder bekommen live einen Einblick in den jeweiligen Betrieb (z. B. zeigt eine Tischlerin den Betrieb, in dem sie arbeitet).
- Alternativ kann auch ein vorher (von der Fachkraft) aufgenommenes Interview mit der Person abgespielt werden (z. B. berichtet ein Kinderpfleger aus seinem Berufsalltag in der Krabbelgruppe).

Bei diesen Vorstellungen von Männern und Frauen, die eher geschlechteruntypische Berufe ausüben, geht es nicht darum, dass die Kinder ein genaues Bild des jeweiligen Berufes erhalten. Vielmehr sollte der Schwerpunkt darauf gelegt werden, dass sie Frauen und Männer in geschlechteruntypischen Berufen sehen und dadurch vielfältige Identifikationsmöglichkeiten bekommen.

Kreative Aktivität:
Wir gestalten einen Traumberuf

Alter: ab 3 Jahren
Anzahl der Kinder: ab 2
Material: Verkleidungsutensilien, Gegenstände des Alltags (z. B. ungefährliche Werkzeuge, Eimer, Spielzeug), Gestaltungsmaterialien (z. B. Tücher, Wäscheklammern), Fotoapparat
Vorbereitung: –
Ablauf: Die Kinder haben die Aufgabe, ihren absoluten Traumberuf zu kreieren. Dazu stellt die pädagogische Fachkraft folgende Fragen:
- Was machst du gerne (z. B. Hunde streicheln, Fernsehen, schaukeln)?
- Was kannst du gut (z. B. Hunde streicheln)?
- Was würdest du gerne gut können und lernen (z. B. ganz hoch springen)?
- Welche Tätigkeiten macht man in dem Beruf, den du dir ausgedacht hast (z. B. auf die Schaukel setzen und schaukeln, Hund sitzt neben der Schaukel, ich strecke die Hand aus und immer, wenn ich am Hund vorbeischaukle, streichle ich ihn)?
- Wie heißt dein Beruf (z. B. Hundestreichlerin/ Hundestreichler)?
- Welche Berufsbekleidung brauchst du dafür (z. B. Regenkleidung, falls es regnet)?
- Welche Materialien brauchst du dafür (Schaukel)?

Die Kinder verkleiden sich entsprechend und die Fachkraft macht ein Foto (z. B. Kind auf der Schaukel und Stofftierhund sitzt neben der Schaukel). Anschließend werden die Fotos aufgehängt und den anderen Kindern erläutert. Bei der Reflexion sollte der Fokus darauf liegen, dass jedes Kind – unabhängig vom Geschlecht – viele Ideen und Fähigkeiten hat und erlernen kann.

4. „Männer weinen nicht!"

Situation

Die Kinder unterhalten sich beim Essen über eine Beerdigung. „Da müssen immer alle schrecklich weinen", sagt Laura. „Aber die Männer nicht. Die können ja nicht weinen", wendet Paul ein.

Diese Situation sollte als Anlass zur Auseinandersetzung damit genommen werden, dass alle Menschen unabhängig von ihrem Geschlecht die gleichen Gefühle haben und diese äußern können.

„Alle Menschen weinen hin und wieder."

Praxisimpulse

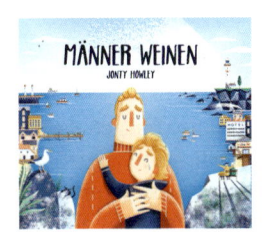

Bilderbuchbetrachtung: „Männer weinen"

Zum Inhalt des Buches: Ein Junge sieht auf seinem Weg Männer in verschiedenen Situationen, die aus unterschiedlichen Gründen weinen. Er stellt fest: Auch Männer weinen – und das ist vollkommen okay.

Alter: ab 3 Jahren
Material: Bilderbuch von Howley, J. (2020): Männer weinen. Berlin: Zuckersüß.
Vorbereitung: Stuhlkreis
Ablauf: Die pädagogische Fachkraft liest den Kindern das Bilderbuch vor und kommt mit ihnen ins Gespräch.
Impulsfragen:
- In welchen Situationen sieht Levi, dass jemand weint? Warum weint der jeweilige Mann? (Gefühl benennen)
- In welchen Situationen weinst du manchmal?
- Warum sieht man Erwachsene nicht so oft weinen wie Kinder?
- Ob es wohl Menschen gibt, die keine Gefühle haben und niemals weinen?!

Bilderbuchbetrachtung: „Echte Kerle"

Zum Inhalt des Buches: Zwei Brüder reden abends im Bett über Mädchen und machen sich über deren angebliche Ängstlichkeit lustig. Am Ende sind sie es jedoch selbst, die sich am meisten fürchten.

Alter: ab 4 Jahren
Material: Bilderbuch von Olten, M. (2012): Echte Kerle. Weinheim: Beltz.
Vorbereitung: Stuhlkreis
Ablauf: Die pädagogische Fachkraft liest den Kindern das Bilderbuch vor und kommt mit ihnen ins Gespräch.
Impulsfragen:
- Haben Mädchen und Jungen unterschiedliche Gefühle?
- Welche Gefühle kennst du? Kennen die Jungen/Mädchen dieses Gefühl auch?
- Warst du schon einmal in einer Situation, in der du dein Gefühl nicht zeigen wolltest, z. B. Heimweh, als du bei einem Freund oder einer Freundin übernachtet hast, oder Angst vor dem Hund einer Familie, bei der du zu Besuch warst?
- Was hast du dann gemacht?
- Was hättest du am liebsten gemacht?

- Gibt es Gefühle, die man nicht zeigen sollte? Welche? Warum?
- Gibt es Gefühle, für die man sich schämen muss? Welche? Und warum?

Am Ende sollte allen Kindern bewusst sein, dass Jungen und Mädchen dieselben Gefühle haben. Alle Menschen kennen diese Gefühle. Jedes Gefühl ist richtig und es ist in Ordnung, dass es da ist. Es kann helfen, sein Gefühl anderen mitzuteilen, damit es nicht noch stärker wird.

Stuhlkreisspiel: Unsere Gefühlspalette

Alter: ab 3 Jahren
Anzahl der Kinder: ab 5
Material: –
Vorbereitung: Stuhlkreis
Ablauf: Die Kinder sitzen im Kreis. Die pädagogische Fachkraft benennt eine Situation. Alle Kinder, die denken „Das kenne ich auch!", stehen auf. Wie viele Kinder kennen das? Vielleicht möchte jemand noch etwas zu dieser Situation sagen. Wann ging es dir so? Wie war das? Dann setzen sich alle wieder hin und die nächste Situation wird geschildert.

Vorschläge für Situationen:
- Ich bin ängstlich, wenn ich alleine bei geschlossener Tür im Dunkeln in meinem Bett liege.
- Ich bin wütend, wenn ich fernsehen darf und dann ist der Fernseher kaputt.
- Ich bin glücklich, wenn ich auf einem Pony reiten darf.
- Ich bin traurig, wenn ich von anderen geärgert werde.
- Ich bin neugierig, wenn ich ein Geschenk bekomme und nicht weiß, was drin sein könnte.
- Ich bin verzweifelt, wenn ich meine Jacke nicht alleine zukriege und keiner da ist, der mir schnell helfen kann.
- Ich bin neidisch, wenn meine Freundin oder mein Freund etwas Süßes kriegt und ich nicht.
- Ich bin genervt, wenn meine Mutter beim Spazierengehen jemanden trifft und die beiden reden und reden und ich muss warten, bis es weitergeht.
- Ich ekle mich, wenn jemand auf dem Klo nicht gespült hat.
- …

Bei diesem Spiel wird durch das Aufstehen ganz deutlich, dass viele Kinder in derselben Situation dieselben Gefühle haben – Mädchen und Jungen.

Interview mit Frauen und Männern

Alter: ab 5 Jahren
Anzahl der Kinder: ab 2
Material: Diktiergerät
Vorbereitung: –
Ablauf: Die Kinder bilden Teams. Sie gehen mit der pädagogischen Fachkraft auf einen belebten Platz, zum Beispiel in den Park. Dort sprechen sie Erwachsene – Männer und Frauen – an und fragen sie, ob sie ihnen ein paar Fragen stellen dürfen und ob das Gespräch aufgezeichnet werden darf. Willigt der Erwachsene ein, kann das Interview beginnen.

Mögliche Fragen:
- Haben Sie als Erwachsene*r schon einmal so gelacht, dass Ihnen die Tränen gekommen sind?
- Waren Sie schon einmal traurig, sodass Sie geweint haben?
- Waren Sie schon einmal ganz wütend?
- Waren Sie schon einmal sehr glücklich?
- Waren Sie schon einmal sehr genervt?
- …

Vielleicht antworten die Befragten nur mit Ja oder Nein. Vielleicht erzählen sie auch von der Situation, die ihnen zu der Frage einfällt. Beides ist okay. In der Kita hören sich die Kinder ihre Aufnahmen an. Gab es Frauen oder Männer, die ein Gefühl noch nie erlebt haben? Haben alle Männer und Frauen alle Gefühle gekannt?

5. „Es gibt nur Jungen und Mädchen!"

Situation

Clara erzählt, dass ihre große Schwester ein Baby bekommen hat und sie jetzt Tante ist. Alle dürfen sie jetzt Tante Clara nennen. Die Kinder kichern. „Bist du Tante von einem Jungen oder einem Mädchen?", fragt Elena. „Das weiß meine Schwester noch nicht so genau", erläutert Clara. „Die Ärzte sind sich nicht sicher, ob es ein Junge oder ein Mädchen ist. Es kann auch etwas anderes sein, hat meine Mama gesagt." – „Das geht ja gar nicht! Du erzählst Quatsch!", ruft Elena empört. „Es gibt doch nur Jungen und Mädchen!"

Diese Situation sollte als Anlass dafür genommen werden, den Kindern zu vermitteln, dass es nicht nur weiblich und männlich gibt, sondern auch viele andere Geschlechter. Diese Situation bietet sich auch als Ausgangspunkt dafür an, sich mit körperlicher Individualität auseinanderzusetzen.

Praxisimpulse

Expert*innengespräch zu Intergeschlechtlichkeit

Alter: ab 5 Jahren
Anzahl der Kinder: ab 5
Material: –
Vorbereitung: Die pädagogische Fachkraft lädt eine Kinderärztin/einen Kinderarzt oder eine Fachkraft aus der Geburtshilfe in die Kita ein.
Ablauf: Der Gast erzählt von intergeschlechtlichen Babys oder Kindern aus seiner Praxiserfahrung. Die Kinder dürfen Fragen stellen, die ihnen kindgerecht beantwortet werden.

Präsentation intergeschlechtlicher Identifikationsmöglichkeiten

Alter: ab 5 Jahren
Anzahl der Kinder: ab 1
Material: Bilder (aus dem Internet) von
- der Leichtathletin Caster Semenya
- dem Topmodel Hanne Gaby Odiele
- der Hürdenläuferin Maria José Martínez-Patiño

Vorbereitung: –
Ablauf: Die pädagogische Fachkraft erklärt den Kindern, dass es ungefähr so viele intergeschlechtliche Menschen gibt (also Menschen, die nicht Junge und nicht Mädchen sind), wie es auch Rothaarige oder Zwillinge gibt (vgl. inter-nrw.de/). Rothaarige Menschen und Zwillinge kennt fast jedes Kind persönlich oder vom Sehen. Es ist also gar nicht unwahrscheinlich, dass wir alle auch mit intergeschlechtlichen Menschen zu tun haben.

Die Fachkraft zeigt den Kindern die Bilder von berühmten Menschen, die intergeschlechtlich sind, und erzählt etwas zu ihnen:
- Maria José Martínez-Patiño (geb. 1961) war eine berühmte Hürdenläuferin. Sie konnte ganz schnell laufen und über Hindernisse springen.
- Eine berühmte Sportlerin ist auch Caster Semenya (geb. 1991). Sie war eine der schnellsten Läuferinnen überhaupt.
- Hanne Gaby Odiele (geb. 1988) ist berühmt für ihre Schönheit. Sie zeigt Mode und wird viel fotografiert. Sie ist ein Topmodel.

„Es gibt nicht nur männlich und weiblich."

Gespräch über Intergeschlechtlichkeit in der Tierwelt

Alter: ab 5 Jahren
Anzahl der Kinder: ab 1
Material: Bilder von intergeschlechtlichen Tieren (aus dem Tierlexikon oder dem Internet), zum Beispiel:
- Koralle
- Regenwurm
- Clownfisch
- Blumentopfschlange
- Landlungenschnecke

Vorbereitung: –
Ablauf: Die pädagogische Fachkraft zeigt den Kindern die Bilder und fragt sie, welche Tiere hier zu sehen sind. Die jeweilige Art der Schnecke oder Schlange werden die Kinder nicht kennen, sodass die Fachkraft es ihnen sagt. Sie fragt, was das Besondere an den Tieren ist, zum Beispiel trägt die Schnecke ihr Haus auf dem Rücken, Korallen leben im Meer und Regenwürmer unter der Erde. Die Fachkraft erläutert, dass alle Tiere gemeinsam haben, dass sie weder männlich noch weiblich sind, sondern intergeschlechtlich. Bei Bedarf kann sie Näheres zu den einzelnen Tieren erklären.

Bilderbuchbetrachtung: „Alle haben einen Po"

Alter: ab 3 Jahren
Material: Bilderbuch von Fiske, A. (2019): Alle haben einen Po. München: Hanser
Vorbereitung: –
Ablauf: Die pädagogische Fachkraft führt eine Bilderbuchbetrachtung durch. Die Bilder von diversen Körpern – dicken, dünnen, straffen, runzligen, großen, kleinen – bieten Gelegenheit, den Kindern bewusst werden zu lassen, dass es keine Körpermaße und Körperformen gibt, die jeder Mensch hat, und dass es völlig normal ist, verschieden zu sein.

Weiterführende Idee: Inspiriert durch das Bilderbuch können die Kinder anschließend Bilder von weiteren Menschen mit diversen Körpern malen. Dabei können interessante Gespräche über angeblich ideale Körperformen und Traumkörper entstehen.

Stuhlkreisspiel: Alle Kinder, die ... haben!

Alter: ab 3 Jahren
Anzahl der Kinder: ab 7
Material: –
Vorbereitung: Stuhlkreis (es ist ein Stuhl weniger im Kreis als mitspielende Kinder)
Ablauf: Ein Kind beginnt und steht im Stuhlkreis. Die pädagogische Fachkraft nennt ein körperliches Merkmal. Alle Kinder, die dieses Merkmal haben, wechseln schnell ihre Plätze. Das Kind in der Mitte versucht, sich auch auf einen Stuhl zu setzen. So bleibt ein neues Kind übrig, das keinen Stuhl ergattert hat. Es steht nun in der Mitte und das Spiel beginnt von vorn. Zunächst macht die Fachkraft die Ansagen. Später können die Kinder ihre Ideen äußern und eigene Ansagen machen.

Beispiele für Ansagen:
- Alle Kinder, die kurze Haare haben, wechseln die Plätze!
- Alle Kinder, die angewachsene Ohrläppchen haben, wechseln die Plätze!
- Alle Kinder, die blaue Augen haben, wechseln die Plätze!
- Alle Kinder, die einen schiefen Zahn haben, wechseln die Plätze!
- Alle Kinder, die einen Leberfleck auf ihrer Haut haben, wechseln die Plätze!
- Alle Kinder, deren zweiter Zeh länger ist als der große Zeh, wechseln die Plätze!
- Alle Kinder, die braune Haare haben, wechseln die Plätze!
- Alle Kinder, die Sommersprossen haben, wechseln die Plätze!
- ...

Bei diesem Spiel soll den Kindern bewusst werden, dass kein Körper dem anderen gleicht. Es gibt Ähnlichkeiten, aber auch immer körperliche Merkmale, die nicht alle Menschen haben. Das ist normal.

Bilderbuchtipp zum Thema Intergeschlechtlichkeit

Loda, L. (2018): P. S. Es gibt Lieblingseis. Hamburg: Marta press.

Rosen, U. (2015): Jill ist anders. Lingen: Salmo.

Pawlowska, M. (2017): Wer ist die Schnecke Sam? Hollabrunn: Doppelgänger.

Diese Bilderbücher klären kindgerecht über Intergeschlechtlichkeit auf und eignen sich als Ausgangspunkt für Gespräche über das Thema.

V. Zusammenarbeit mit Eltern

1. Elternarbeit geschlechtersensibel gestalten

Die Bildungs- und Erziehungspartnerschaft mit den Eltern ist ein wesentlicher Bestandteil der Arbeit in jeder Kita. Es lässt sich beobachten, dass sich Mütter dort häufiger zeigen als Väter. Sie bringen sich mehr bei der Mithilfe und Organisation von Aktivitäten wie Festen oder Ausflügen ein. Sie werden allerdings von den pädagogischen Fachkräften auch bevorzugt angesprochen. Das hält den Kreislauf aufrecht. In der geschlechterbewussten Pädagogik sollen Mütter und Väter gleichermaßen angesprochen werden. So wie gegenüber Mädchen und Jungen müssen sich Fachkräfte auch in Bezug auf die Eltern eventuell vorhandene eigene stereotype Vorstellungen von der männlichen Geschlechterrolle (arbeitet Vollzeit, weiß nicht, was das Kind für Kleidung im Schrank hat und wann es nachmittags zum Kinderturnen geht usw.) und der weiblichen Geschlechterrolle (fühlt sich für alle Belange des Kindes zuständig, ist verfügbar, hat Interesse an Kindergartenbelangen, managt die Verabredungen des Kindes usw.) bewusst machen.

Selbstverständlich gibt es nicht „die Väter" und „die Mütter". In manchen Stadtteilen ist es kein ungewohntes Bild, wenn Väter ihr Kind in die Kita bringen, in anderen fühlt sich ein Mann im Kindergarten wenig willkommen und als Sonderling. Viele Eltern beschäftigen sich interessiert mit dem Thema Gender, bei anderen

> **Reflexionsfragen zum Thema Regenbogenfamilien**
>
> - Inwieweit denken Sie in den gängigen heteronormativen Strukturen, in denen es nur männlich und weiblich gibt und Männer sich sexuell auf Frauen beziehen und umgekehrt? An welchen Stellen vergessen Sie, Regenbogenfamilien mitzudenken? (Beispiel: Wenn von einer Hochzeit die Rede ist, geht es nur um Braut und Bräutigam und nicht um ein gleichgeschlechtliches Paar.)
> - Ist die Auswahl der Lieder, Singspiele, Bilderbücher usw. in der Kita so vielfältig, dass auch immer alternative Familienformen wie Regenbogenfamilien präsent sind?
> - Welche Hinweise bekommen Regenbogenfamilien in der Kita, die darauf schließen lassen, dass sie explizit willkommen sind? Falls es keine gibt: Welche Hinweise können wir in der Kita an welchen Stellen positionieren?

löst allein der Begriff schon Unbehagen und Ablehnung aus. Ein selbstverständliches Einbeziehen von Müttern und Vätern ist im Hinblick auf eine partnerschaftliche Zusammenarbeit in jedem Fall notwendig. Je nach Mentalität und Bedarfen der Elternschaft können verschiedenste Formen der Zusammenarbeit stattfinden, um Mütter und Väter gleichermaßen in die Kita zu holen, wie beispielsweise eine Vater-Kind-Ralley durch die Kita oder ein Vater-Kind-Grillabend auf dem Außengelände der Kita. Es bietet sich auch an, Angebote zu machen, bei denen Mütter und Väter geschlechteruntypisch agieren, aus ihrer Komfortzone gelockt werden und damit ein geschlechterflexibles Modell für ihr Kind sein können. So könnten Mütter zu Aufbau und Durchführung einer Mutter-Kind-Bewegungsbaustelle in der Turnhalle eingeladen werden oder zum gemeinsamen Bau eines Unterstandes für die Dreiräder. Da Frauen einen leichteren Zugang zu Kitas haben, weil diese ein gesellschaftlich weiblich konnotierter Bereich sind, und Männer eher eine Hemmschwelle haben, sollte der Fokus zunächst darauf liegen, die Väter in die Kitas zu holen.

2. Regenbogenfamilien

Als „Regenbogenfamilien" werden Familien bezeichnet, bei denen zwei gleichgeschlechtliche Partner*innen – also ein schwules oder lesbisches Paar – mit einem oder mehreren Kindern leben. Die Kinder stammen aus früheren Verbindungen, Samenspenden, Adoption oder sind Pflegekinder. Der Name leitet sich von der Regenbogenflagge ab, die ein internationales Symbol für die Vielfalt von Schwulen und Lesben in aller Welt ist. Mittlerweile ist sie aber auch das Symbol der sogenannten LGBTIQ-Gemeinschaft (sie umfasst lesbische, schwule, bisexuelle, transgeschlechtliche, intergeschlechtliche und queere Menschen). So gesehen zählen zu den Regenbogenfamilien auch Familien, in denen ein oder beide Elternteile bisexuell, transgeschlechtlich, intergeschlechtlich sind oder sich als queer bezeichnen. „Queer" ist ein Begriff, der alle möglichen sexuellen Orientierungen zusammenfasst.

In vielen Kitas sind Kinder aus Regenbogenfamilien. Es sollte stets darauf geachtet werden, dass die Familienform mitgedacht und mit angesprochen wird, wenn es um das Thema Familie geht. Schließlich gibt es in Deutschland ca. 9.500 gleichgeschlechtliche Paare, die mindestens ein Kind haben. Ungefähr 14.000 Kinder leben in Regenbogenfamilien (vgl. www.bpb.de/themen/gender-diversitaet/homosexualitaet/269064/regenbogenfamilien-in-deutschland/). Die Präsenz in der Kita ist nicht nur für die Eltern und die Kinder aus der Regenbogenfamilie von großer Bedeutung, um sich akzeptiert und wertgeschätzt zu fühlen, sondern auch alle anderen Kinder und Eltern profitieren davon, weil es ihren Horizont hin-

Literaturtipp

Nordt, S. (2012): Zur Situation von Kindern aus Regenbogenfamilien. In: Sozialpädagogisches Fortbildungsinstitut Berlin-Brandenburg und Bildungsinitiative QUEERFORMAT (Hrsg.): Geschlechtliche und sexuelle Vielfalt in der pädagogischen Arbeit mit Kindern und Jugendlichen. Handreichung für Fachkräfte der Kinder- und Jugendarbeit, Berlin.

Kinder aus Regenbogenfamilien – Ergebnisse der ersten repräsentativen wissenschaftlichen Studie in Deutschland über Kinder in Regenbogenfamilien (2009). Verfügbar unter: www.lsvd.de/fileadmin/pics/Dokumente/Adoption/LSVD_Essentiels-BMJ-Studie.pdf

Bundeszentrale für politische Bildung (2018): Regenbogenfamilien in Deutschland, Bonn.

sichtlich begrenzter Familienmodelle erweitern kann. Kita-Leitungen sollten daher bewusst Zeichen setzen, damit sich Regenbogenfamilien willkommen fühlen. Dies kann beispielsweise eine Regenbogenfahne oder ein Regenbogenaufkleber an der Eingangstür und auf der Internetseite der Kita sein. Für viele Eltern ist die Kita einer der ersten Kontakte als Familie nach außen. Deshalb kann ein kleines Zeichen hier eine große Hemmschwelle nehmen. Wichtig ist, dass die Eltern nicht als „Sonderlinge" aufgenommen werden. Als Eltern haben sie die gleichen Bedürfnisse, Interessen, Ängste und Sorgen wie alle anderen Eltern auch. Sie sollten also als Familienform genauso wertgeschätzt werden wie alle anderen Formen auch, die in der Kita vorkommen, etwa alleinerziehende Elternteile mit Kind, Patchworkfamilien oder Kinder, die bei den Großeltern aufwachsen. Eltern sollten niemals das Gefühl bekommen, sich für ihre Familienform rechtfertigen zu müssen.

3. Ein Elternabend zum Thema „Medienheld*innen der Kinder"

Auch ohne aktives Fernsehgucken in der Kita sind Medienhelden und -heldinnen der Kinder in der Kita präsent. Die Kinder wünschen sich Spielzeug, das mit der Figur im Zusammenhang steht, sie spielen die Geschichten nach und sprechen darüber. Manche Eltern sind genervt, wenn sie überteuerte Bettwäsche, Brotdosen und Sammelkarten mit einer aktuell angesagten Medienfigur kaufen müssen, die nach ein paar Wochen oder Monaten für das Kind wieder uninteressant wird. Schließlich wird danach ein neuer Medienheld oder eine neue Medienheldin auftauchen.

Viele Eltern mögen die Figuren nicht, die die Kinder in ihr Herz geschlossen haben. So wissen Mütter etwa, dass Barbies Figur nichts mit der Realität zu tun hat, oder sie wünschen sich, dass der fliegende Held mit dem Umhang endlich mal aufhört, ständig kämpfen zu wollen. Medienfiguren sind ein guter Anlass, um über Geschlechterstereotype nachzudenken und Eltern das Thema Geschlechterrollen näherzubringen.

Vorab: Lassen Sie die Kinder Ihrer Gruppe ihre derzeitigen Lieblingshelden und -heldinnen malen. Dabei sollte jedes Kind eine Figur auf ein DIN-A4-Papier malen. Der Name sollte hinten auf das Bild geschrieben werden. Die Bilder werden eingesammelt. Die Fachkraft sucht zu jeder Figur (in der Regel gibt es nur ein paar, die von den Kindern gewählt werden) ein Bild und vergrößert dieses auf ein DIN-A4-Format.

Praxisimpulse

Ablauf des Elternabends
1. Begrüßung, Vorstellung des geplanten Ablaufs

2. Spiel zum Ankommen
Die Eltern sitzen im Stuhlkreis. In der Kreismitte liegen die Medienheld*innen-Bilder der Kinder. Die Eltern haben nun die Aufgabe, das Bild an sich zu nehmen, von dem sie glauben, dass es ihr Kind gemalt hat. Haben sich alle Eltern für ein Bild entschieden, stellen sie es kurz vor und mutmaßen, welcher Held oder welche Heldin dort dargestellt wird. Dies dient zum Kennenlernen der Eltern untereinander sowie als thematischer Einstieg in den Elternabend. Abschließend werden die Bilder wieder in die Kreismitte zurückgelegt.

In der Regel gibt es circa vier Medienheld*innen, die gerade „in" sind und von den meisten Kindern gewählt werden. Manchmal kennen Eltern von Töchtern lediglich die weiblichen Heldinnen und die von Jungen vor allem die männlichen Helden. Um alle Eltern zu informieren, legt die pädagogische Fachkraft die bereits ausgedruckten Bilder in die Kreismitte.

3. Die Fachkraft präsentiert den Eltern einige Fakten

Es gibt deutlich mehr männliche als weibliche Figuren im Fernsehprogramm für Kita-Kinder. Die weiblichen Figuren für die Zielgruppe Vorschulalter werden extrem sexualisiert – mit übergroßen Brüsten, sehr schmaler Taille, langen und dünnen Beinen, roten Lippen und langen Haaren und stets in figurbetonter Kleidung – dargestellt. Das Aussehen steht im Mittelpunkt ihrer Inszenierungen. Selbst die Figuren, die als stark, mutig und schlau gezeigt werden, sind dem gesellschaftlichen Schönheitsideal unterworfen. Auch die männlichen Figuren werden hypermännlich – mit einem übertrieben muskulösen Körperbau, genialem Technikwissen, Waffen beherrschend, aktiv, mutig, entschlossen und kompromisslos – dargestellt. Die Helden glänzen in rationalem Denken und Handeln – möglichst frei von hinderlichen Emotionen (vgl. Schnerring/Verlan 2014, S. 131 ff.). Diese rollenklischeehafte Darstellung kann rasch durch ein Gedankenexperiment verdeutlicht werden: Denken Sie sich eine beliebige Szene, zum Beispiel Prinz rettet Prinzessin. Wie würde die Geschichte wahrgenommen werden, wenn die Geschlechterrollen getauscht würden? Die mutige Prinzessin rettet den schönen Prinzen. Durch diese Irritation werden die Klischees sehr deutlich.

Durch diese extrem geschlechterstereotype Darstellung der Medienheldinnen und -helden wissen Kinder im Kita-Alter genau, welche Figuren sie gut finden müssen, um als „echtes Mädchen" oder „echter Junge" alles richtig zu machen. Aufgrund ihrer derzeitigen Identitätsentwicklung (die das Bedürfnis einschließt, ganz deutlich als Junge oder Mädchen gesehen zu werden) können sie sich nur für die Figur entscheiden, die für „ihr" Geschlecht gedacht ist. Die Kinder nutzen dies, um sich ihrer Geschlechtsidentität zu versichern. (Diese Phase geht nach der Kindergartenzeit vorbei, dann werden die Kinder hinsichtlich der Geschlechterrollen oftmals flexibler, wenn ihre Umwelt ihnen die Möglichkeit dazu bietet.) Die Geschlechterrollenbilder, mit denen die Jungen und Mädchen konfrontiert werden, prägen sich ihnen ein, und sie nehmen diese einengenden Bilder von Männlichkeit und Weiblichkeit als Normalität und Realität.

Es ist durchaus verständlich, dass Eltern ihren Kindern eine Freude machen möchten und das Spielzeug kaufen, das sich die Tochter oder der Sohn wünscht. Und es ist auch sehr nachvollziehbar, dass Eltern ihren Söhnen und Töchtern Spielzeug von Medienheld*innen kaufen, ihnen Bücher von ihnen vorlesen und gemeinsam mit ihrem Kind gerne Filme von den Medienfiguren anschauen, die sie als Kind selbst toll fanden. Dennoch sollten Eltern genau hinschauen, welche Geschlechterrollen sie ihren Kindern damit offerieren.

Eltern sollten sehr achtsam mit Bewertungen umgehen. Kinder identifizieren sich mit ihren Medienfiguren und fühlen sich gekränkt, wenn diese „schlecht gemacht" werden. Dennoch sollen sich Eltern nicht verstellen. Sie müssen nicht Spiderman-Fans werden, können mit ihrer Kritik

---

Literaturtipp

Grundlegende Informationen zur geschlechterbewussten Pädagogik für Eltern (und pädagogische Fachkräfte) in Form eines überschaubaren Heftes in leicht verständlicher Sprache hat Pinkstinks e.V. herausgegeben: Rosa für alle! Gendersensible Erziehung in Kindertagesstätte und Zuhause. Die Broschüre ist zu bestellen unter www.pinkstinks.de

aber etwas zurückhaltend sein (z. B. „Mir gefallen andere Figuren besser als Spiderman, weil ..."). Eltern und pädagogische Fachkräfte sollten mit den Kindern ins Gespräch kommen, um zu verstehen, was genau sie an den Figuren fasziniert. Das kann sehr aufschlussreich sein, weil sie so den Ängsten, Wünschen und Interessen der Kinder auf die Spur kommen können. So möchte ein Mädchen beispielsweise hübsch wie Barbie sein und ein Junge so sportlich und mächtig wie Spiderman. Oftmals wollen sich Kinder durch das Schwärmen für eine bestimmte Figur auch einer bestimmten Geschlechtergruppe zugehörig fühlen.

4. Aktivität im Stuhlkreis: Reflexion über die Idole der Kinder

Material: Die Bilder der Kinder (Medienhelden und -heldinnen)
Vorbereitung: Die Bilder werden in die Mitte des Stuhlkreises gelegt.
Ablauf: Die pädagogische Fachkraft verweist auf die Bilder, die die Kinder gemalt haben. Gemeinsam kann überlegt werden, welche Wünsche, Bedürfnisse und Interessen mit den Medienhelden und -heldinnen verbunden werden könnten. Selbstverständlich sind das nur Spekulationen; um es ganz genau zu wissen, müssen die Kinder befragt werden. Eltern sind jedoch Expert*innen für ihre Kinder und wahrscheinlich fällt ihnen schon eine Menge an Ideen und Beobachtungen ein, die zusammengetragen werden können. Zum Beispiel erzählt eine Mutter, dass ihr Sohn es genießt, wenn er seinen kleinen Bruder – überlegen und mächtig – mit dem Starwars-Lichtschwert bedrohen kann. Ein Vater berichtet, dass die Tochter mit einer höheren Stimme spricht, wenn sie eine Barbie-CD gehört hat.

Oftmals sind Eltern genervt von den „Medienspuren", die ihre Kinder hinterlassen. Sie mögen es nicht, wenn das Verhalten und die Körpersprache der Held*innen scheinbar permanent nachgeahmt wird. Die pädagogische Fachkraft sollte den Fokus des Gesprächs darauf richten, dass ein Verständnis für die Kinder hinsichtlich ihrer Idolwahl entwickelt werden kann. So sehr es die Mutter auch nervt, wenn der kleine Bruder mit dem Lichtschwert bedrängt wird, ist es doch aufschlussreich zu wissen, dass der große Bruder sich mächtig, kompetent und überlegen fühlen möchte. Vielleicht kann er das ja auch auf eine andere Art und Weise? Die pädagogische Fachkraft kann Eltern, die sich sorgen, weil ihr Kind eine Figur anhimmelt, die ein traditionelles Geschlechterrollenbild verkörpert, dahingehend beruhigen, dass dieses Extrem in der Entwicklung der Geschlechtsidentität normal ist und bei Kindern im Schulalter meist wieder nachlässt.

5. Vorstellung von Bilderbüchern

Die pädagogische Fachkraft informiert die Eltern darüber, dass eine gezielte Bilderbuchauswahl gut geeignet ist, um Kindern alternative Geschlechterrollen nahezubringen. In Bilderbüchern lernen Kinder beispielsweise mutige Mädchen und schüchterne Jungen kennen, Frauen, die Forscherinnen sind, oder Väter, die sich um den Haushalt und die Kinder kümmern. Je mehr unterschiedliche Ausgestaltungen der männlichen und weiblichen Geschlechterrollen Kinder kennenlernen, desto eher können sie etwas finden, was zu ihnen passt und mit dem sie sich identifizieren können. In Bilderbüchern werden sehr viel mehr alternative Geschlechterrollen gezeigt als im Kinderfernsehen.

Die Fachkraft legt die Bücher (s. Bilderbuchtipp) auf einem Büchertisch aus und die Eltern haben Zeit, sich diese in Ruhe anzuschauen. Es wäre schön, wenn den Eltern eine Ausleihe der Bücher ermöglicht werden könnte.

Bilderbuchtipp

Boie, K./Bauer, J. (2005): Juli! Weinheim und Basel: Beltz & Gelberg.

Easton, G. (2019): Karo Kanonenkugel und der Löwe. München: Knesebeck.

Flamanat, L./Englebert, J.-L. (2017): Puppen sind doch nichts für Jungen! Wien: Picus.

Lindebaum, P. (2006): Franziska und die Wölfe. Weinheim und Basel: Beltz & Gelberg.

Lindebaum, P. (2008): Paul und die Puppen. Weinheim und Basel: Beltz & Gelberg.

Murphy, F. (2020): Ein Junge wie du. Berlin: Zuckersüß.

Murphy, F. (2020): Ein Mädchen wie du. Berlin: Zuckersüß.

Navarro, Z. (2021): Mein Tutu. Stuttgart: Verlag Freies Geistesleben.

Valentine, R. (2021): Prinzessin Riesenmut. München: Penguin Junior.

Literatur

Ali-Tani, C. (2017): Wie Kinder Vielfalt wahrnehmen: Vorurteile in der frühen Kindheit und die pädagogischen Konsequenzen. www.kita-fachtexte.de/fileadmin/Redaktion/Publikationen/KiTaFT_AliTani_2017_WieKinderVielfaltwahrnehmen.pdf

Banaji, M./Greenwald, A. (2015): Vorurteile. Wie unser Verhalten unbewusst gesteuert wird und was wir dagegen tun können. 2. Auflage, München: dtv.

Bischof-Köhler, D. (2002): Von Natur aus anders. Psychologie der Geschlechtsunterschiede. Stuttgart: Kohlhammer.

Bergold, P./Buschner, A. (2018): Regenbogenfamilien in Deutschland. www.bpb.de/themen/gender-diversitaet/homosexualitaet/269064/regenbogenfamilien-in-deutschland/

Bundesministerium für Familie, Senioren, Frauen und Jugend (Hrsg.) (2015): Spielt das Geschlecht eine Rolle? Erziehungsverhalten männlicher und weiblicher Fachkräfte in Kindertagesstätten. Kurzfassung der Ergebnisse der „Tandem-Studie". www.bmfsfj.de/resource/blob/95342/bfb37cd96cecee0df26938510873c319/spielt-das-geschlecht-eine-rolle-tandem-studie-kurzfassung-data.pdf

Brunner, K./Ebisch, S. u. a. (2019): Blaue Bücher, rosa Bücher. Federleichte Feen und starke Piraten. www.sueddeutsche.de/projekte/artikel/kultur/gender-wie-gleichberechtigt-sind-kinderbuecher-e970817

Eliot, L. (2010): Wie verschieden sind sie? Die Gehirnentwicklung bei Mädchen und Jungen. Berlin: Berlin Verlag.

Fine, C. (2012): Die Geschlechterlüge. Die Macht der Vorurteile über Frau und Mann. Stuttgart: Klett Cotta.

Focks, P. (2016): Starke Mädchen, starke Jungen. Genderbewusste Pädagogik in der Kita. Freiburg: Herder.

Gebhardt, W. (2008): Tief ins Gehirn geblickt: In: P. M. Perspektive Mann & Frau, 3/2008. Hamburg: Gruner + Jahr, S. 68–71.

Götz, M. (1999): Männer sind die Helden. Geschlechterverhältnisse im Kinderfernsehen. www.br-online.de/jugend/izi/text/mayaheld.htm

Gottschalk, G. (2013): Typisch Junge? Typisch Mädchen? In: GEO WISSEN, Nr. 52: Mütter – Wie sie uns ein Leben lang prägen. Hamburg: Gruner + Jahr, S. 86–93.

Herm, S. (2007): Psychomotorische Spiele für Kinder in Krippen und Kindertagesstätten. 12. Auflage, Berlin: Cornelsen Scriptor.

Hubrig, S. (2010): Genderkompetenz in der Sozialpädagogik. Troisdorf: Bildungsverlag EINS.

Hubrig, S. (2013): Genderkompetenz im Unterricht der Fachschule für Sozialpädagogik. In: Ernstson, S./Meyer, C. (Hrsg.): Praxis geschlechtersensibler und interkultureller Bildung. Wiesbaden: Springer VS, S. 155–170.

Hubrig, S. (2016): Spiele für Jungs, Spiele für Mädchen. Praxisangebote für die bewusste Mädchen- und Jungenförderung in der Kita. 2. Auflage, Münster: Ökotopia.

Hubrig, S. (2019): Geschlechtersensibles Arbeiten in der Kita. Weinheim: Beltz Juventa.

Hubrig, S. (2020): Die Frau in der Bäckerei und der Mann in der Autowerkstatt – Geschlechterrollen im Bilderbuch. www.westermann.de/landing/kompetenterziehen/Geschlechterrollen-im-Bilderbuch

Hunger, I./Zimmer, R. (2012): Jungen dürfen wild sein – Mädchen auch? Einflüsse auf geschlechtsspezifisches Bewegungsverhalten. In: kindergarten heute 8/2012. Freiburg: Herder, S. 8–12.

Koordinationsstelle „Männer in Kitas" (Hrsg.) (2014): Geschlechtersensibel pädagogisch arbeiten in Kindertagesstätten. Handreichung für die Praxis. Berlin. https://mika.koordination-maennerinkitas.de/fileadmin/company/pdf/Newsletter/08_Broschuere_Geschlechtersensibel_paedagogisch_arbeiten.pdf

Kugler, T. S. (2018): Geschlechtervielfalt in der Kita. Inklusives pädagogisches Handeln am Beispiel Transgeschlechtlichkeit und Intergeschlechtlichkeit. In: Bildungsinitiative Queerformat (Hrsg.): Murat spielt Prinzessin, Alex hat zwei Mütter und Sophie heißt jetzt Ben. Sexuelle und geschlechtliche Vielfalt als Themen frühkindlicher Inklusionspädagogik. Handreichung für pädagogische Fachkräfte der Kindertagesbetreuung. www.queerformat.de/wp-content/uploads/QF-Kita-Handreichung-2018-Druckfassung.pdf

Lehner, E. (o. J.): Entwicklung der Geschlechtsidentität bei Kindern. www.eltern-bildung.at/expertinnenstimmen/entwicklung-der-geschlechtsidentitaet-bei-kindern

Louis, C. (2017): Intersexuelle nicht festlegen. www.emma.de/artikel/lucie-veith-intersexuelle-nicht-festlegen-334961

Mittendorfer, E. (2018): Geschlechtsneutraler Kindergarten. Wo Kinder aus der Rolle fallen. Typisch Mädchen, typisch Bub. Wie ein Wiener Kindergarten Klischees entgegentritt. https://kurier.at/leben/geschlechtsneutraler-kindergarten-wo-kinder-aus-der-rolle-fallen/400063733

Nordt, S. (2012): Zur Situation von Kindern aus Regenbogenfamilien. In: Sozialpädagogisches Fortbildungsinstitut Berlin-Brandenburg und Bildungsinitiative QUEERFORMAT (Hrsg.): Geschlechtliche und sexuelle Vielfalt in der pädagogischen Arbeit mit Kindern und Jugendlichen. Handreichung für Fachkräfte der Kinder- und Jugendarbeit, Berlin, S. 48–56.

Rohrmann, T./Wanzeck-Sielert, C. (2014): Mädchen und Jungen in der KiTa. Körper, Gender, Sexualität. Stuttgart: Kohlhammer.

Rupp, M. (Hrsg.) (2009): Die Lebenssituation von Kindern in gleichgeschlechtlichen Lebensgemeinschaften. Köln: Bundesanzeiger Verlag.

Schnerring, A./Verlan, S. (2014): Die Rosa-Hellblau-Falle. Für eine Kindheit ohne Rollenklischees. München: Antje Kunstmann.

Thörner, D. (2021): Mädchen, Junge, Kind. Geschlechtersensible Begleitung und Empowerment von klein auf. Berlin: Familiar Faces.

Trautner, H. (2005): Entwicklung der Geschlechtsidentität. In: Oerter, R./Montada, L. (2005) (Hrsg.): Entwicklungspsychologie. 5. Auflage, Weinheim, Basel: Beltz, S. 646–672.

Vervecken, D./Hannover, B. (2015): Yes I can! Effects of gender fair job descriptions on children's perceptions of job status, job difficulty, and vocational self-efficacy. In: Social Psychology Nr. 46, S. 76–92.

Wallner, C. (2018): Geschlechtergerechtigkeit und Schule. https://caritas.erzbistum-koeln.de/export/sites/caritas/maik/dokumente/module/grundlagenliteratur/Fachbeitrag_Geschlechtergerechtigkeit_in_der_Kita_Wallner.pdf

Links

Kinder und ihre Medien: www.kindergesundheit-info.de/themen/medien/mediennutzung/kinder-und-medien/?msclkid=04124f93c56611ecb0b2a7ee5cbd1f0a
Regenbogenfamilien: www.regenbogenportal.de/informationen/regenbogenfamilien
OECD-Studie: www.dw.com/de/oecd-studie-maedchen-sind-oft-mathe-muffel/a-18295356
Gendermarketing: www.marketinginstitut.biz/blog/gender-marketing/
Medienheld*innen der Kinder: https://www.produktive-medienarbeit.de/projektarbeit/medien/kita/helden.shtml
Geschlechtsspezifisches Spiel: https://www.welt.de/wissenschaft/article160301276/Warum-Jungs-Ritter-und-Maedchen-Prinzessin-spielen.html
Weibliches, männliches Gehirn: www.gesundheit.gv.at/krankheiten/gehirn-nerven/gehirn-gender
Intergeschlechtlichkeit: https://inter-nrw.de/was-ist-intergeschlechtlichkeit/; www.herder.de/kiga-heute/fachbegriffe/intersexualitaet/; https://im-ev.de (Bundesverband Intergeschlechtliche Menschen e. V.)
Anzahl des männlichen pädagogischen Personals in der Kinderbetreuung (2009–2021): https://de.statista.com/statistik/daten/studie/1011435/umfrage/maennliche-fachkraefte-in-der-kinderbetreuung-in-deutschland
Generisches Maskulinum: www.genderleicht.de/generisches-maskulinum/
Gendergerechte Sprache: www.zdf.de/kinder/logo/gendern-gendergerechte-sprache-geschlechter-100.html

Impressum

praxis kompakt: Geschlechterbewusste Pädagogik ist ein Sonderheft von kindergarten heute – Das Fachmagazin für Frühpädagogik

Redaktion
Thilo Bergmann (verantw.)
Tel. 0761/2717-209
E-Mail: bergmann@herder.de

Carolin Küstner
Tel. 0761/2717-331
E-Mail: kuestner@herder.de

Anschrift der Redaktion
Hermann-Herder-Str. 4
79104 Freiburg
Tel.: 0761 / 2717-322
E-Mail: redaktion@kindergarten-heute.de
www.kindergarten-heute.de

Verlag
© Verlag Herder GmbH, Freiburg im Breisgau 2023
Alle Rechte vorbehalten
www.herder.de

Bildnachweis
Titelfoto und Innenfotos: Hartmut W. Schmidt, Freiburg
Fotos: S. 1: jamtoons – GettyImages; S. 4, 5: Dmitriy Muravev – GettyImages; S. 14: Carola Vahldiek; S. 19: Robert Kneschke – stock.adobe; S. 31: Aleksandar Nakic – GettyImages; S. 33: MattoMatteo – GettyImages; S. 35: martin-dm – GettyImages; S. 36: rawpixel.com; S. 37: Juanmonino – GettyImages; S. 38: rawpixel.com; S. 39: kaptnali – GettyImages; S. 47: Robert Kneschke – stock.adobe

Layout, Satz und digitale Bearbeitung
rsrdesign, Wiesbaden, www.rsrdesign.de

Druck
Medienhaus Plump GmbH, Rheinbreitbach

Leserservice
Verlag Herder GmbH
Hermann-Herder-Str. 4
79104 Freiburg
Tel.: 0761 / 2717-379 oder 0761 / 2717-244
Fax: 0761 / 2717-249
E-Mail: kundenservice@herder.de

Gedruckt auf chlorfrei gebleichtem Papier

Printed in Germany

Titelnummer: 882
ISBN Print: 978-3-451-00882-5
ISBN E-Book (PDF): 978-3-451-82749-5